此书献给我爱的人和爱我的人

Love Is Love

在田野：自我的解构

恩施州民族民间文化调查研究

刘俊妍　著

群言出版社
QUNYAN PRESS

·北京·

图书在版编目（CIP）数据

在田野 ：自我的解构 ：恩施州民族民间文化调查研
究 / 刘俊妍著 . -- 北京 ：群言出版社，2023.12
ISBN 978-7-5193-0908-4

Ⅰ．①在… Ⅱ．①刘… Ⅲ．①民族文化－文化研究－
恩施土家族苗族自治州 Ⅳ．① K280.632

中国国家版本馆 CIP 数据核字（2023）第 254211 号

责任编辑：侯　莹
封面设计：知更壹点

出版发行：群言出版社
地　　址：北京市东城区东厂胡同北巷1号（100006）
网　　址：www.qypublish.com（官网书城）
电子信箱：qunyancbs@126.com
联系电话：010-65267783　65263836
法律顾问：北京法政安邦律师事务所
经　　销：全国新华书店

印　　刷：三河市腾飞印务有限公司
版　　次：2025年1月第1版
印　　次：2025年1月第1次印刷
开　　本：787mm×1092mm　1/16
印　　张：9.5
字　　数：190千字
书　　号：ISBN 978-7-5193-0908-4
定　　价：72.00元

作者简介

　　刘俊妍，女，土家族，1992 年 6 月出生，湖北省恩施市人，中南民族大学 2018 级少数民族语言文学专业博士研究生，主要研究少数民族民间文学。

自 序 ▷▷

　　不知从何时开始热衷于田野调查，可能是因为深深感受到了田野那片沃土的召唤。行走在祖国的大江南北，深感国之大无外乎疆土辽阔，天地无奇不有之壮哉。而吾国之民，多为宽厚淳朴。有生之年能多行于田野之中，是吾毕生之幸，尽己之所能，完田野之志，为之奋斗不已，幸甚乐哉。

　　在田野是一种行走的状态，希望自己能坚持走下去，完成更多的调查记录，为研究贡献自己的绵薄之力。将五年来的田野调查报告汇总整理成一个合集，是对自己的一个总结交代，也是对思绪整理和反思的渴望。笔者在自我解构之中，发现了一些问题，并探寻解决路径。本书主要是关于恩施土家族地区的系列田野调查报告，也是笔者探求自我族源的认知架构，其中包括笔者在五年时间内完成的一系列调查报告，涵盖民俗、文化、社会生活等多个方面，书中涉及数据均来源于实际调查。对社会实践的认知使笔者有兴趣进行实地探访并与当地人交流，并与之分析其中一二。

自我的解构是自我本身的寻找，找寻与自身民族有关的风俗民情。在这种解构下，笔者在探索民族文化传承与发展的新途径。

　　自我解构起始于笔者母亲的故乡，在三县（宣恩、咸丰、来凤）交界的地方坐落着的一个少数民族村寨，那里生活着一群可爱可敬的人。笔者从小对于村寨的认知就是母亲的故乡，印象中外公讲的故事都跟那里的山山水水有关，他会讲起从前的事或是革命历史故事，于是笔者从故事中开始建构对自己民族的认知。从小宣恩灯会就在笔者的记忆中闪现，睡梦中都是灯会游街的场景。那些奇奇怪怪的人物扮相和飞舞的龙灯都在笔者的记忆中碎片化呈现，也是笔者在追寻文化民俗足迹过程中的点点滴滴。

　　在田野间行走，行走的力量无穷尽矣。认知世界的构筑需要文化沉淀与浸养，读万卷书而后行万里路，并且要走进人民群众的生活之中汲取人民给予的生生不息的力量。未来路途之远，伴有日月星辰可见，风雨无阻是前行的动能。黎明之光，终究照耀大地。

　　　　　　　　　　　　　　　　　　　2023 年冬月于恩施

目录

第一章
火塘·电视·手机
——少数民族村寨的媒介使用与媒介素养研究

一、理论基础

（一）相关背景

我国乡村社会的发展，尤其是老少边穷地区的发展，一直备受国家重视。2018 年 3 月，第十三届全国人民代表大会第一次会议批准成立中华人民共和国农业农村部。我国一直十分重视农业、农村、农民问题，"三农"问题是直接关系到国计民生的根本问题。在高举建设新时代中国特色社会主义的旗帜下，我们要着力建设现代化的新型农村，使农村发展登上一个新台阶。本章将少数民族地区村寨的媒介使用与变迁作为研究对象，力图阐明在乡村发展过程中媒介的影响与作用，探索乡村振兴和民族文化传播新途径。

随着现代化进程的加快，我国少数民族地区的乡村拥有了多种类型的现代化传播媒介，尤其是以电视为主的大众传播媒介与手机等新兴电子媒介使乡村社会生活发生了一系列的变化。现代化媒介进入少数民族地区，打破了其多年来的平静状况，并使少数民族地区的人们日常生活发生了巨大变化。加拿大政治经济学家哈罗德·伊尼斯（Harold Innis）曾在《传播的偏向》中指出，"长期使用一种媒介，一个人的知识特性可能会被其影响"。媒介可能开发出一种新的模式，或者产生一种新的文化。日常生活中，随处可见一种媒介导致人们生活发生翻天覆地的转变的情况。所以我们能够深切感受到少数民族地区乡村在不断接受现代化的过程中，多种传播媒介的使用及相互作用在各个方面都对这些地区的乡民产生了巨大的影响。

（二）研究意义

1. 理论意义

在众多关于媒介视角下的少数民族地区乡村社会变迁研究中，大多数研究强调媒介对少数民族传统文化与少数民族现代化选择的影响，主要分析政治、经济、民族政策等方面的内容，而关于大众传播媒介对少数民族地区的生活方式、风俗习惯、仪式观产生影响的研究甚少。笔者为恩施地区土生土长的土家族人，对土家族的文化、生活、习俗各方面发展变化有浓厚的研究兴趣，希望能将所学的理论与少数民族地区的各方面情况相结合进行系统分析。笔者通过田野调查研究方法了解少数民族地区的媒介普及状况和使用情况，并梳理媒介变迁对少数民族地区社会发展的影响，力图找寻土家族村寨在传播媒介历史变迁中，村民的媒介使用行为对生活产生的系列变化之原因。在手机作为新兴媒介闯入日常生活和手机的使用普及度越来越高的情况下，探讨村民的手机使用情况和对生活是否产生了新的影响以及现在乡村中的媒介使用状况如何、我们是否应该大力提倡进行乡村媒介素养教育，以期达到正确认识和使用媒介、合理运用媒介的效果。

2. 现实意义

恩施土家族苗族自治州位于湖北省西南部，是国家西部大开发战略唯一被列入的中部地区。恩施的土家族族群属于土家族的北支[1]。随着社会经济的不断发展，人民生活水平日益提高，传播媒介成为少数民族生活中不可或缺的一部分。

在多年以前，少数民族地区由于经济不发达、交通不便等，信息接收和文化传播受到一定阻碍，信息鸿沟难以消除。在我国大力发展老少边穷地区的国家政策帮扶下，少数民族地区的信息接收和文化传播的情况得到明显改善。笔者所选取的调查地区为恩施土家族苗族自治州宣恩县李家河乡楠木园

---

[1] 土家族分南支和北支，北支土家族分布于湖南省湘西土家族苗族自治州的永顺县、龙山县、保靖县、吉首市、古丈县、张家界市以及湖北省恩施土家族苗族自治州，湖北省宜昌市的五峰土家族自治县、长阳土家族自治县，自称"毕兹卡"；南支土家族分布于重庆市，黔东地区，湖南省凤凰县、泸溪县、麻阳苗族自治县一带，自称"靡卡"。

村，位于咸丰、来凤、宣恩三县交界处。对于地处偏远大山的土家族村寨来说，媒介使用率的提高得益于政府多年的帮扶，而媒介的使用素养提高有待进一步探寻合适的方式方法。

（三）相关理论

1. 国外研究

对于国外的研究内容，我们应该关注大众媒介对农村社会的政治、经济和文化方面的影响。因为大众媒介是农村社会变迁不可或缺的因素。媒介的影响力在日常生活中发挥着举足轻重的作用，如何正确使用媒介，培养媒介素养研究显得至关重要。

从媒介主体来看，研究主要以电视为主的大众传播媒介为对象，并分析大众传播媒介对受众的影响。

美国传播学者埃弗里特·M. 罗吉斯（Everett M. Rogers）在《农民的现代化：传播的影响》一书中，以肯尼亚、哥伦比亚市、印度农村为研究对象，探讨了媒介在农村现代化中的作用。他在书中提出了扩散创新理论，把社会现代化的过程看作创新和发明的扩散过程。他发现，村民的文化背景、社会地位、知识水平、风俗习惯等因素与媒介使用频率密切相关。

罗吉斯与美国学者拉伯尔·J. 伯德格（Rabel J. Berger）在《乡村社会变迁》一书中分析了大众传媒在乡村社会变迁中的重要作用，认为"大众传媒能够在一定程度上弥补农村的自然隔绝"。另外，他们认为广播、电视和报纸等传播媒介不仅为农民传播了当代的道德，而且拓宽了农民的视野，从理论上分析了农村现代化过程并理清了制约农村发展的因素[①]。

[①] 罗吉斯，伯德格. 乡村社会变迁 [M]. 王晓毅，王地宁，译. 杭州：浙江人民出版社，1988.

美国学者柯克·约翰逊（Kirk Johnson）在考察印度农村的社会环境时，发现电视在村民的生活中起到了重要的作用。他运用民族志研究方法调研了两个村落之后，发现电视对村民的思想、信仰、人际交往和传统风俗产生了重要影响。由于电视这个新生事物的出现，村民不像以往那样根据太阳调整作息，而是以电视节目的时间点为准。

就媒介客体而言，对于媒介对受众产生的影响，大多数学者提出了媒介素养的观念。英国学者大卫·白金汉（David Buckingham）作为最早研究媒介素养的学者，提出数字媒介的发展与网络的蓬勃发展有助于打破介于人际沟通与大众媒介之间的壁垒。他认为媒介应该被看作一个教育媒介，是对现代社会来说无法忽略的重要教育工具，并强调每个人都活在一个数字世界里，就像与旧媒体的互动一样，需要找出了解并参与其中的方式[1]。

美国媒介素养学者蕾妮·霍布斯（Renee Hobbs）强调，媒介素养教育的目标应该致力于提升受教育者的分析、思辨、传播和自我表达的能力，以此提升他们的自主权。她将媒介素养定义为使用媒介信息、批判性地分析媒介信息、运用媒介创造信息的能力[2]。

2. 国内研究

在国内研究当中，大多数学者对少数民族地区文化与传播现象进行了一系列研究。笔者通过中国知网（CNKI）检索发现，对少数民族村寨的研究呈现逐年上涨的趋势，其中旅游、行政、文化、经济、社会学等方面的研究占比达80%以上。对少数民族村寨在媒体（介）使用方面的研究数量虽然不多，

---

① 白金汉. 媒体教育：素养、学习与现代文化[M]. 林子斌，译. 台北：巨流图书有限公司，2006.

② HOBBS R, MOORE D C. Discovering Media Literacy: Teaching Digital Media and Popular Culture in Elementary School[M]. The United States of America: Corwin Press, 2013.

但学术性较强的文章集中在《现代传播》（中国传媒大学学报）、《当代传播》、《中国报业》、《编辑之友》、《前沿》等期刊上。

云南大学教授郭建斌认为，我国传播媒介与农村社会有关的研究历史可以分为三个阶段：第一阶段的研究主要是 1982 年杨云胜、程世寿对湖北襄阳地区农村进行的受众调查；1983 年祝建华等人对上海郊区农村进行的传播网络调查；1986 年中央人民广播电台进行的全国性农村听众调查。第二阶段的研究以裘正义等人为代表，主要研究内容为"大众传播与中国乡村发展"。第三阶段的研究主要集中在媒介促进农村社会的发展、大众传媒对农村传统文化的影响、媒体对少数民族地区的作用等方面。上述三个阶段的研究大多采用定量研究的方法，但得到的结论并没有真实、全面、客观地呈现现实情况。因此，郭建斌认为，"纵观 20 年的相关研究，对于'定量研究'显然是远远超过'质的研究'的，相对单一的研究方法是研究最大的缺点"[1]。

就乡土社会研究方向的质化研究来论，我国著名社会学家费孝通先生在《乡土中国》中描绘了乡村这个具有乡土社会、人情社会、礼俗社会等特征的中国乡土。人们生活在一个面对面的社群当中，依序、依礼在社会中存活。我国学者曾维康运用民族志的研究方法，划定自己出生的村庄为研究范围，将 26 个村民作为研究对象，用口述史记录方法将他们的生活状况和个人奋斗经历加以呈现。从 26 个村民的故事当中，我们可以剖析出当代农村存在的新问题。这一研究在研究农村历史变迁的口述史领域，产生了巨大的反响。

在土家族乡村社会变迁的相关性研究中，"湖北省非物质文化遗产研究中心"主任柏贵喜教授认为现如今的土家族传统文化在现代化的影响下发生了不同程度的变迁，并且指出这是土家族文化在历史上的重大变迁之一。他

---

[1] 郭建斌. 传媒与乡村社会：中国大陆 20 年研究的回顾、评价与思考 [J]. 现代传播，2003（3）：44-47.

将恩施州来凤县的百福司镇作为研究对象，认为小城镇的社会文化发展与形态变化是少数民族社会文化变迁过程中的重要环节，并认为大众传播媒介在土家族社会变迁中起到巨大的推动作用。

对少数民族地区受大众媒介影响的研究也不在少数，其中郭建斌的《独乡电视：现代传媒与少数民族乡村日常生活》将云南省贡山独龙族怒族自治县独龙江流域的独龙族作为研究对象，用民族志方式呈现了电视进入他们的生活之后产生的深远影响。电视成了独龙族人了解世界的新媒介。吴飞列出以"火塘·教堂·电视"为传播线路之地，教堂是独龙族地区特有的外来思想文化传播之地。这一系列的研究开始关注到少数民族地区媒介使用的影响和社会的变迁。

媒介素养方面，在媒介市场不断发展壮大并具有无限影响力之时，媒介素养教育研究被提上议程。最早对媒介素养进行研究的是 20 世纪 30 年代初期的英国，而我国对媒介素养教育研究的起步时间较晚，是 20 世纪末期。近年来，我国新闻传播界开始将媒介素养作为探讨问题和研究方向。总体看来，在乡村信息传播过程中，多种传播媒介都产生了一定的影响，但起主要作用的传播方式是人际传播和大众传媒。一个完整的传播链条，需要优良传播管道起到有效传递的作用，传播的真正目的在于保证传播效果的有效性。

台湾政治大学教授吴翠珍、陈世敏在《媒体素养教育》一书中提到，媒介如同我们身边的现实环境，时刻跟随着我们。没有人能够自绝于媒体，现如今的媒介如同阳光、空气、水，成了生命与生活的必需品；媒体塑造了我们的教育环境，每个人都能透过媒体来认知世界，认识你、我、他相互之间的关联。他们强调我们的媒介是重要认知与观念的形塑者，是所谓意识工业，不只提供有关世界的信息，也建构我们看世界、了解世界的方式[1]。

---

① 吴翠珍，陈世敏. 媒体素养教育 [M]. 台北：巨流图书有限公司，2007.

我国的媒介素养研究首先关注研究的群体是青少年、大学生、国家干部，对农民的媒介素养及其和大众传媒的关系方面的研究并不多。目前为止，将乡村信息文化传播和农民媒介素养联系起来的相关书籍较少，没有形成一个较为完善的理论体系。而关于大众传媒对农民实用信息传播在农民媒介素养提升中的作用和意义的研究，尚未见系统性、全面性、科学性的研究文章，即使以往的研究有所涉及也只是浅尝辄止[①]。

在探索媒介化社会对少数民族经济、政治、文化发展的影响方面，西南民族大学文学与新闻传播学院副教授林晓华的《媒介化社会与少数民族发展研究》对少数民族新媒体的发展现状、存在问题、改进对策进行了调研。他在对少数民族地区的"媒介化"现象进行实证研究的基础上，对民族之间和民族内部的文化交流以及媒介传播主体、内容、方式、效果等进行了研究，从而探索正确的媒介舆论引导方法并进行了有效的信息传播，促进了我国少数民族地区的民族团结，实现了共同发展的美好局面。

在探索媒介素养教育方面，郑州大学教授郑素侠对3个留守儿童大省河南、安徽、湖南进行了大量的问卷调查，分析了留守儿童的媒介使用现状与问题、媒介素养的测量与评估、媒介对留守儿童社会化的影响，总结了儿童媒介素养教育的国际经验，为我国农村留守儿童媒介素养教育的政策与实践提出了建议，并对城市化背景下农村留守儿童的命运与未来进行了展望和反思。

综上所述，首先，在媒介研究方面，研究侧重在于大众媒体，没有对多种媒介并存下的乡村社会进行具体研究讨论。其次，在媒介素养方面，研究侧重于经济发达地区和群体指向性，对乡村地区和农民群体的研究少之又少。总而

[①] 胡顺越. 农村实用信息传播及其对农民媒介素养提升研究 [D]. 西安：陕西师范大学，2012.

言之，少数民族地区乡村社会的媒介使用状况和媒介素养的提升是值得重视的问题和研究方向。

（四）研究方法

1. 田野调查法

田野调查，被界定为传播学研究范畴。调查者要对调查对象所生活的环境相当熟悉并保持一段时间的共同生活，观察、了解和认识他们的社会相关性与文化价值观念。通过各方面的调查了解，为民族志的书写提供坚实可靠的基础。笔者深入楠木园村，安营扎寨 2～3 个月，进行走访调查。

笔者进行田野调查的地点是笔者母亲的家乡，笔者从小就对村寨有深厚的感情，并且十分熟悉其环境。因此，笔者融入研究对象的日常生活没有任何阻碍。与调查对象共同生活的时间越长，越能发现问题所在。

2. 文献收集法

文献收集法是指收集、分析、研究统计资料和报道资料，是获得情报信息的一种方法。笔者主要收集关于楠木园村的地方志、史料、政府的统计资料、博物馆的档案等，认真分析、归纳、整合，对在采访中出现的相关事件进行验证。

3. 民族志

民族志是一种书写文本，是人类学研究方法之一。它是在获取第一手观察资料并进行参与的基础上，就现场情况进行撰写的文本类型。民族志通常是关于文化的描述，以理解和解释社会，并提出理论观点。本章运用了民族志研究方法，对少数民族村落的发展与变迁的现实情况进行了呈现。同时也反映了土家村的生活条件，让更多的人知道在山的深处有土家族的存在。

4. 口述史

口述史是一种通过搜集和使用口述史料来研究历史的方法。史料源于学者、记者、学生等人群的记忆，也源于亲自拜访历史现场的目击者，根据录音、录像而得出的文字记录。在这些原始记录中，将提取的相关历史数据与其他历史文献进行对比，以使历史更加全面和互补。

笔者通过对村民的访谈，搜集了多种媒介使用的集体记忆；通过对村支书和村中有威望的老人进行访谈，了解了相关政策的传播过程中，受众对信息的反应和对传播媒介的认识。这一方法在一定程度上克服了民族志方法的共时性、忽略历史的缺陷。

二、楠木园村——少数民族村寨

（一）楠木园村概况

1. 自然地理情况

楠木园村位于湖北省西南部武陵山脉三县（宣恩县、来凤县、咸丰县）交汇之处的高海拔地区，地属李家河镇中部。距李家河集镇28千米，距宣恩县城93千米，距来凤县城49千米，距咸丰县城56千米（见图1-1）。

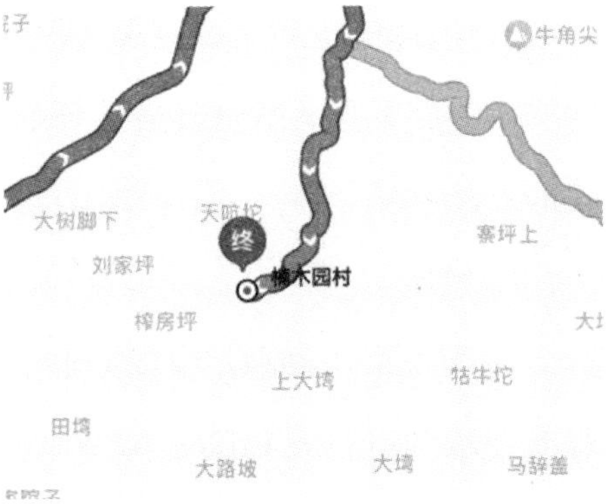

此处为喀斯特地貌和丹霞地貌融合区域，海拔均1000米以上，面积4.51

图1-1　楠木园村地理位置

平方千米。其中土家族聚居在山顶三组和五组，自然条件较为恶劣，未通水泥公路，仅有砂石路和山路可供通行。

2. 民族状况

楠木园村全村 353 人，共计 95 户，划分为 6 个村组。其中土家族 179 人约占总人口数的 50.7%，苗族 60 人约占总人口数的 17%，汉族 112 人占总人口数的 31.7%，村中还有壮族 1 人、黎族 1 人。

3. 文化教育及医疗状况

楠木园村原有小学 1 所，教师从板栗园村每天骑摩托车来村里教学。后来因村中适龄儿童断代，小学就此荒废。如今村村通公路和外出打工人员增多，受外来文化影响，适龄儿童被送往就近的村镇小学（李家河小学），或被家人带到务工地上学。

楠木园村有卫生室 1 个，配备计算机 1 台。有 1 名计生专干以及 1 名"赤脚医生"[1]。

4. 农业生产情况

早期楠木园村的村民以打猎为主，土家族人有狩猎的传统。后期在汉民族的影响下出现了农业生产，同时木业、手工业等行业出现，进而出现了养殖业，逐步形成各种生产方式并存的格局。现如今，楠木园村的村民主要以种植业和养殖业作为主要生活来源，除种植部分自己食用的农作物外，还会种植一小部分经济作物。村民自己食用的农作物类型主要有玉米、水稻、红薯、土豆等，而经济作物有烟叶、党参、板栗等，其中药材的经济价值较高而备受村民青睐。因为土地需要一定的休整期，烟叶近几年已经没有种植。

5. 建筑状况

楠木园村承袭了土家吊脚楼的建筑特色，建筑与自然环境的融合十分考究。土家族的建筑多为杆栏式，分堂屋、偏房、厢房、炕房及内外院落，人畜自然分离，旧时牲畜养在楼板下，后来在主屋两侧均专修猪圈或牛圈。房

---

[1] 赤脚医生：当地村民对没有官方资格认证（执业资质）的土医生的称呼。

屋多为木质结构建筑，具有冬暖夏凉适于居住的特点。堂屋是土家族人最重要的场所，与他们的信仰有关，也是重要事件的聚集场所。炕房在堂屋后面，正中间通常是一个火坑，火坑正上方挂满了熏制的腊肉。偏房一般都有一处火塘。厢房位于主屋两侧，一般供客人或亲戚居住。土家族的房屋结构图如图1-2所示。

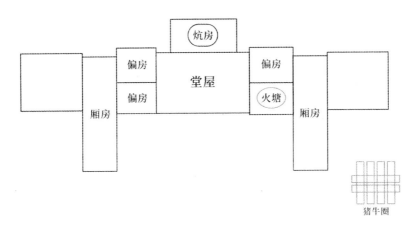

图1-2 房屋结构图

6.通信基本情况

乡村邮路是县至乡镇支局及支局（所）之间交换运输邮件报刊的主要邮路。1999年，宣恩县全县共有乡村邮路8条，全程达到292千米。其中有汽车邮路6条，长度达到了234千米，还有自行车邮路2条，长度为58千米。其中李家河镇到板栗园乡单程长度15千米，为自行车隔日班的邮件送达。2000年宣恩县邮政编码如表1-1所示。

表1-1 2000年宣恩县邮政编码

编码号	投递局所名称	投递范围	编码号	投递局所名称	投递范围
445500	县邮政局	珠山	445508	晓关邮政支局	晓关
445501	椒园邮政支局	椒园	445509	桐子营邮电所	桐子营

编码号	投递局所名称	投递范围	编码号	投递局所名称	投递范围
445502	和平邮电所	和平	445511	高罗邮政支局	高罗
445503	贡茶（万寨）邮政支局	贡茶（万寨）	445512	沙道沟邮政支局	沙道沟
445504	长潭河邮政支局	长潭河	445513	沙坪邮电支局	沙坪
445505	中间河邮电所	中间河	445514	李家河邮电支局	李家河
445506	会口邮电所	会口	445515	李家河板栗园邮电所	板栗园
445507	椿木营邮政支局	椿木营	—	—	—

乡村投递主要是乡镇邮政局（所）到村中，具体到组以投递邮件报刊为主的一条路线。在2000年末宣恩县全县乡村投递路线中，李家河镇3条81千米，投递员1人；板栗园乡2条78千米，投递员1人。而楠木园村的邮路主要靠板栗园乡自行车邮路投递。

1985年，农话中继线路33条440杆程千米，形成四大杆路：一路由宣恩至板场、万寨、中间河；二路由宣恩至会口、长潭河、椿木营；三路由宣恩至和平、高罗、沙道沟、沙坪、龙潭、李家河、板栗园；四路由宣恩至椒园、晓关、桐子营。1999年末，宣恩县全县共有14个乡镇全部进入长话自动网，这说明当时已经可以直拨国际及港澳各地；而当时已通话行政村达到70个，建成通话60%以上农户电话村2个、20%～60%电话村4个，农话普及率0.86部／百人。2000年末，全县乡村程控交换机容量达7328门，实装机3511户，是1979年的9.14倍。当年全县农话去话业务量216.2万张，为1979年的14.22倍。

乡政府没有在楠木园村设立专门的邮政机构，最近的邮政窗口在距乡级公路 7.8 千米（车程 25 分钟）的上洞坪村。村寨的村民接收邮件包裹都是逢二、五、八赶集的时候去上洞坪村邮政窗口领取。而且村寨中 65 岁以上的老人，可以在邮政窗口领取社会保障。至于手机通信方面，楠木园村的村民基本拥有手机，中国移动、联通、电信三大网络信号已经基本覆盖整个村庄。

（二）楠木园村的民生状况

1. 社会政治状况

全村管辖 6 个村民组，95 户人家，总计人口 353 人。6 个组实现组组通路通车，电力改造率 100%，人畜全饮水达到 95%。村里具有功能完备的小学教舍、党员群众活动室、村卫生室及群众文化活动场所。

2. 经济发展状况

楠木园村现有土地 850 公顷，其中水田 276 公顷、旱地 574 公顷。全村农民人均可支配收入 7000 元。根据数据统计，楠木园村曾有贫困户 44 户、低保户 38 户、无保户 6 户。

全村经济发展主要依靠种植业和养殖业，其中玉米 400 公顷、水稻 200 公顷、药材 150 公顷，养猪 300 头。

2018 年楠木园村精准扶贫发展特色种植项目为花椒种植基地，经济作物产值相当可观。笔者跟随精准扶贫队伍挨户调查统计种植面积等，村民对此表现出积极态度。

（三）楠木园村的媒介使用状况

1. 媒介拥有情况

楠木园村全村 95 户，共计 353 人，外出务工人员占总人口数的 2/3，常住人口 100 人左右，基本为老人和孩子。

笔者通过调查发现家家户户基本拥有一台电视，有些家庭有两台电视。

其中一户家庭在电视坏掉之后未更换新的电视，其余家庭每天都能正常收看电视。有些村民家中有 VCD 机和 DVD 机，他们会到附近乡镇赶场①购买音乐光盘和影碟通过 VCD 机或 DVD 机进行观赏。村中几乎是"人手一台手机"，大多青壮年使用的是智能手机，少数上了年纪的老人用的是半智能化老人机，还有部分人使用老式手机。村中拥有 2 台台式计算机，均为政府于 2017 年下拨给村委会和卫生室使用的。

2. 媒介使用情况

楠木园村共计 95 户人家，除 1 户人家在电视坏了之后未修理，其余 94 户人家都可以正常使用电视，电视保有率为 100%，使用率高达约 99%。

笔者对楠木园村 94 户正常使用电视的人家进行调查发现，其中 75 户人家使用的是有线电视，占总数的 79.79%；而无线电视用户 9 户，占总数 9.57%；使用交互式网络电视的有 8 户，占总数 8.51%；有 2 户人家在使用数字电视，占比 2.13%（见图 1-3）。

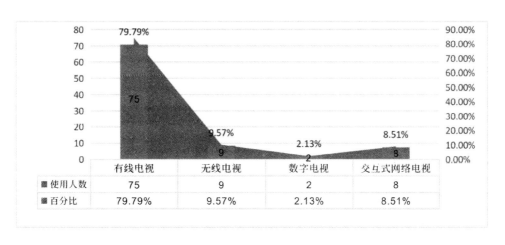

	有线电视	无线电视	数字电视	交互式网络电视
■ 使用人数	75	9	2	8
■ 百分比	79.79%	9.57%	2.13%	8.51%

图 1-3　楠木园村电视使用情况

楠木园村的村民几乎每人都使用手机，是"人手一机"现象的鲜明体现。

---

① 赶场：恩施土家方言，赶市集的意思。

村里靠原始对喊的交流方式已然改变，更多的是直接拨打手机进行沟通。村支书一般通知各组组长开会，都是通过打电话的方式，比起以前靠走门串户口头通知来得方便快捷。根据笔者在楠木园村的调查，村民手机使用情况如下：智能手机用户 252 人，达到 70% 以上；老人机用户 90 人，占总数的 25% 左右；老式手机用户 17 人，占 5%（见图 1-4）。

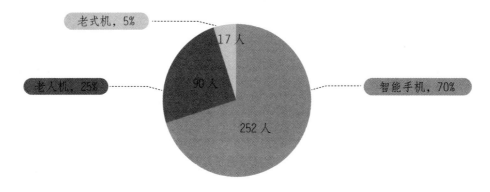

图 1-4　楠木园村手机使用情况

楠木园村电话座机覆盖率 100%，但目前只有 1 户人家仍然使用座机与外界通话。

楠木园村按照政府配备，应具有 2 台台式计算机，1 台计算机为村委会使用，另 1 台为村卫生室使用。

三、火塘——人际传播的据点

火塘历经多年变迁，仍然是村里人最爱聚集之地。无论现代化媒介的冲击如何，楠木园村的村民在农闲之余都会聚集在火塘。谈论内容没有限制，谈论问题涉及面不论大小，"家事、国事、天下事"都会成为其茶余饭后的话题。德国作家、哲学家尤尔根·哈贝马斯（Jürgen Habermas）提出公共领域的概念，认为在国家和社会之间存在着一个中间层，在这个中间层中，市民可以随意发表言论，不受任何干涉。在楠木园村这个少数民族村寨中，火塘就是村民的公共领域。村民聚集在一起，共同讨论他们所关注的公共事务，而就某个议题形成某种接近于公众舆论的相关意见。火塘作为公共场域，为村民在其中自由谈论和相互交换信息提供了人际传播的据点。

（一）乡土家族

就楠木园村的这个乡土社会而言，其实是长久聚居于此的几大姓氏家族血脉的延续。笔者在小时候经常会听到大人们说村里有"周家""杨家""江家""黄家""姚家"，并且通常会在这些姓氏前加上他们所在的地理位置，这也就是地方性的体现。即便到了现在，也如此延续。

（二）火塘夜话

自我意识和自我表达是人际传播的基础，在人际传播中，信息传播的质量对参与传播活动双方的情感、喜好、人生观、世界观都有直接或间接的影响。楠木园村的人际传播中心则是火塘。火塘有时还充当了村寨信息传播中心、事务讨论中心，似乎是沟通、传递、交流的公共场域，各种信息的交汇和散播都是从这里开始的。

楠木园村具有土家族风俗习惯，在偏房中会设有火塘。与其他民族火塘不同的地方在于，土家族火塘是在楼板下用四方石头围成，中间为圆形铁打炉圈，呈半球状。中心的圈层可根据需要为两层或三层，层数不同可控制火的大小。村中几乎每家每户都有火塘，虽然大小、位置并没有刻意统一，但是火塘的位置和大小没有太大的不同。火塘即土家族人日常活动的中心，也是人际传播中的核心场所。火塘区位示意图如图1-5所示。

图 1-5　火塘区位示意图

如图所示，图为偏房布局，人们一般会围绕火塘就座，电视就在一旁。火塘边的谈话通常在饭后半小时开始。1～5 号是根据长幼和性别排序的，1 号位置通常是家中年长之人；2、3 号通常为妻、子女所坐位置；4、5 号通常是来客所坐位置。

观察日志 1

2015 年 2 月 12 日（农历腊月二十四）

每当日暮降临，炊烟升起，农家屋堂里都是一家老少的欢聚。从坡上做活回家的男性洗把脸、抖搂抖搂身上的泥土，准备吃饭。家里女性则在伙房忙活着一家老小的饭菜。爷爷今天为即将到来的新年筹备着，一大家人的新年期盼就是围着火塘一起说说笑笑。

晚饭过后，就是火塘夜话的时间了。虽然电视在一边开着吵闹，但人们聊天的欲望丝毫不亚于电视的声效表达。今天在外打工的刘娉哥回到了老家，晚上来找爷爷和大舅扯白①。为什么会是爷爷和大舅？爷爷是村里长老，按照习惯外出回家后都要报个到；大舅是村里干部，对政策和相关信息十分了

---

① 扯白：恩施方言，聊天的意思。

解。因此大舅家的火塘基本上可以说是半个村庄的信息传递媒介，不仅有家长里短，更有国家政策的宣讲。

爷爷吃饭酒是必备的，今天吃完饭后还是酒意浓浓。我最喜欢缠着他，围着火塘讲故事，讲村里以前发生过的事，以前的人们如何讨生活。在我看来，爷爷就是一本活着的楠木园历史书。今晚的火塘夜话是从爷爷的故事开始的。爷爷的故事讲到一半，刘娉哥就带着嫂子来了。刘娉哥说了在外打工的一些情况，觉得在外打工不容易。虽然钱挣得比在家多一些，但是照顾不到家里老小。他说还是想回老家，虽然收入少一些，但是能照顾到家里。嫂子在一旁时不时插话，觉得在家的确要来得轻松，而且孩子上学等问题都需要解决，常年在外觉得离得太远。大舅说这两年村里发展经济作物烟草的种植，收入相当可观，和在外打工收入不相上下，而且农闲时间还可以做一些其他营生。说到村里一家种烟叶收入有三四万时，我能感觉到刘娉哥心动不已，眼里满是对回来发展的憧憬。他决定过年后就待在老家，跟着村民一起种植烟叶。记得暑假回家时，烟叶长势喜人。大舅让我用相机拍下来，并说你看，烟草长得跟人一样高。我十分好奇新修的烤烟房，所以开始插话询问烤烟房的一些情况。因为发展烟叶种植，新鲜烟叶不利于存放，所以烟叶采摘之后直接在当地现烤，有专门收烟叶的厂商按照品相进行收购。但是我发现当时的烤烟房修在了村卫生室对面，一个地势相对较低的位置，所以想一探究竟。经过询问才知道，烤烟房占地，没有人愿意拿出自己的土地，最后是刘子君老人用了他的土地，新修了烤烟房。他还开玩笑说等他百年归逝之时可以用烤烟房办事。老人的豁达乐观让我觉得人生在世没有什么需要太在乎的，能够留在人们心中的就是在世时所造福他人的益处。善事需多做，声名自有留。

火塘夜话总是围绕着身边发生的事情和自己关心的事情展开，通常在饭后进行，大约从傍晚 18 点开始到 21 点，持续时间为 3 个小时左右。有些时候根据夜谈内容、来访人员的不同，可能会持续更长时间。扶贫尖刀班驻村之后，村委成员和驻村干部经常火塘夜话到深夜，讨论和制订具体扶贫计划。

（三）民俗与人际传播

　　土家族从先辈那里流传下来的特定风俗习惯，给族人聚集提供了一个信息交流的场域。土家族族人每逢新年，在腊月间都有杀年猪、吃刨汤的传统习俗。杀年猪，一为庆贺新年的到来；二为来年熏制腊肉做必要准备。就杀年猪而言，是村寨的大事，也是周边聚居村民一起聚集的好机会。在特定的场域当中，人们可以交流一年来的收获，也可以在一起畅想新年的期盼，而这个特定场域的中心地点就是火塘。

　　笔者根据对杀年猪习俗的观察写成的民俗与人际传播的观察日志如下。

观察日志 2

2017 年 1 月 24 日（农历腊月二十七）

　　土家族腊月有杀年猪的习惯，过年之前杀猪供过年期间食用，并把其他部分放在炕房里进行腊肉的熏制。今天是黄家杀年猪的日子，周边几户人家都过来帮助杀猪。因为杀猪是一个需要技巧和力量的活。一般杀猪时需要 7～9 个壮劳力，他们各有分工。准备好杀猪的工具：刀、条凳、长形木桶、绳子等。

　　杀猪的时候也是周边各户聚集在一起的时候，在壮劳力杀猪时，女性帮忙烧开水，同时聊着家长里短的琐事。这种具有风俗特点的活动聚集也就成了组织传播途径之一。

　　主事的杀猪匠将刀洗好备用，刀形十分讲究，刀尖细长且刀身宽扁。

抓猪套腿是个齐心协力的力气活，4 个壮劳力将猪的四肢拽住并套上准备好的麻绳。在这个揪心的过程中，你会听到猪在生命中最后的呐喊，或是它对生命的眷恋，或是对主人杀它的埋怨，这都不重要，因为它从一出生就注定是吃肥长肉被吃掉的命运。那嘶叫声让人觉得有些习以为常，但它还是不竭余力地嘶吼。它撕心裂肺的叫声让周遭的村民都知道主人家杀猪了，有刨汤宴① 可以吃了。也就是它的叫唤声通知了邻里快到家里一聚。土家人自古打猎归来的传统就是见者有份、乐于分享，因此杀猪刨汤宴席也就是聚集的场域。然后猪就要被抬到条凳上，等待主事杀猪匠将刀捅进猪的下颚。女主人拿来桶和瓢，用水先将猪简单冲洗。主事杀猪匠已然一手拿好杀猪刀，一手拿着火纸，精准地一刀从猪的咽喉直接捅入，猪血涌出的第一瞬间用火纸沾上。接着主事杀猪匠用事先准备好的木盆接上新鲜的猪血，把沾血的火纸拿到堂屋供桌前烧掉。等到猪血放干后，将猪全身放进长形木桶，倒入煮滚的热水开始清洗。两个人拉着猪蹄，一个人在中间用绳子前后上下拉动。经过清洗之后，杀猪匠就要开始庖丁解牛般地处理猪的各个部位。这个时候所有人都围拢过来，谈论的问题有以下方面：一是关于养猪的问题，如猪的肥瘦、猪吃什么长得比较快、平时都喂什么食物、喂养次数等。这类问题通常是女性之间讨论，因为女性是喂养的主力军。二是关于猪的问题，如猪有多少斤、猪肉的价格、养猪是否收益可观。这类问题通常是男性之间讨论，他们比较注重实际需要和利益。三是猪的质量问题，如是否喂饲料、猪肉味道的纯正度等。讨论这类问题的是买猪肉的人。因为城市里大多数猪肉源于冷库，与现杀的猪的肉质相距甚远，因此常有城里亲戚熟人预定猪肉。在众人谈论之时，猪已经被全部处理。

刨汤，其中"刨"源自"庖丁解牛"之义。刨汤宴地点在堂屋，在宴席

---

① 刨汤宴：恩施土家族在杀猪之后，用最新鲜的猪肉做成一桌宴席的叫法。

开始的前后，几乎所有人都围绕着火塘。这是一个乡间邻里难得一聚的闲聊场域，大家互通消息并聊聊家长里短。除了有杀猪活路的人，其余人都会围绕在火塘周边。如果能碰到长老级的人物讲故事或者是打工回家的人讲外面世界的新鲜趣事，那偏房中的火塘肯定是里三层外三层地被包围着。

在这种具有地方特色的聚会中，信息传递和文化传播的场域中心点也是火塘。楠木园村所在区域的昼夜温差较大，火塘不仅是取暖之地，也是大家交流信息的场域。村民交流的信息内容主要有以下几种。

一是村民关心的相关事宜。在这类话题中，主要包括教育、福利待遇、计划生育三个方面。孩子的教育问题在村寨乡民眼中是头等大事。在他们眼里，有知识文化的人是会受到相当重视的。对于福利待遇，主要是集中在养老保险的问题上。

二是社会发展状况。这通常是外出务工者对外界的文化宣导。外出务工者对于外部世界的构建直接或间接地影响他周边的第一信息接收者，而周边圈层的信息接收者将其接收的信息不断地往外扩散。

民俗是传统民族文化的延续，少数民族地区的人们如今还是会根据传统风俗习惯举行一些仪式，尤其在偏远乡村更为普遍。这种特定时间和地点的聚集通常会促进信息传递和民族文化的有效传播和传承。民族的特性特质以及文化就在传统风俗习惯中得以保留，而民俗习惯传承仪式也给人们提供了人际传播的场域。

四、电视——大众传播的桥梁

当今社会正处于信息时代，现代化媒介在人们的生活中已经达到无孔不入的境地，每个民族都在进入或正在被卷入现代化体系，少数民族文化与现代文化的碰撞在此体现明显。由现代化媒介生产的大众文化对少数民族的本土文化也产生了巨大的冲击。

（一）大众媒介时代的到来

我国拥有 9 亿农民，这样一个数量庞大的群体，或多或少会产生一些问题，解决好这些问题对于新农村建设有积极作用。笔者将研究对象设定为少数民族地区村寨的村民，一是因为其农民数量较多；二是因为少数民族地区与其他地区相比接触媒介的渠道较为狭窄。笔者通过调查发现，村民获取信息大多数依靠大众媒介，他们也十分信赖大众媒介所传递的相关信息。一次火塘夜话时，电视中播放着央视到 X 市的演出，当时年长的女性说："他们去那里一唱就是一整天呐！"年轻的女性在旁边接话道："那是要点功夫呢！"电视是每家的必需品，每天早上起床之后打开电视已成为村里大多数男性的习惯。而在火塘夜话中，人们围绕着的是火塘，但是陪伴在一旁发声的依旧是电视。大众媒介时代使生活在乡土社会的人们进行了一次全新的信息升级。但其中的信息数量相当庞大，信息质量也有参差不齐的特点，因而探究其影响以及对其进行有效引导是十分有必要的。

（二）电视的使用

楠木园村电视普及率达到100%，其中除了一户人家电视坏了未更换，其他所有人家都有电视收看。村里的第一台黑白电视是在 1989 年开始使用的，当时村里人每晚都围着这台电视收看节目。一直到后来，村里有 2 台电视后村民才开始分流。当时的经济条件不好，所以村里的电视都是二手电视。1992 年村里开始使用彩色电视，村里人都把它当成稀罕物，为了看彩色电视都愿意多走几里山路。

现如今楠木园村中都为彩色电视，无人使用黑白电视。电视收看方式主要以有线电视为主，占比 80% 左右，无线电视和交互式网络电视有少部分家庭在使用，2 户人家使用了数字电视。

看电视的时间主要集中在晚饭时间，村民通常习惯性地在 6 点打开电视看地方天气预报，等到 7 点准时收看中央电视台 1 套的《新闻联播》栏目。笔者观察到，在观看《新闻联播》时，通常女性忙着收拾整理屋里屋外，小孩子时而瞟着电视，时而写着作业。

传播学鼻祖威尔伯·施拉姆（Wilbur Schramm）指出，传播具有以下四个社会功能：环境监测功能、协调控制功能、社会传承功能和娱乐功能[1]。电视成为家庭中休闲娱乐的重要工具，电视剧成为时下消磨光阴的重要途径。笔者在田野调查的访谈中发现，对于"看什么内容"这样的问题，大部分年轻人表示喜欢看电视剧，小孩子热衷于看动画片。一般男性青年喜欢看动作片、战争片，女性青年喜欢看古装片、言情片。至于 40 岁以上的男性几乎全部钟爱关于抗日题材的电视剧，而 40 岁以上的妇女基本属于跟随的群体，家里播放什么电视剧她们就看什么电视剧，几乎没有选择的权利。在笔者与杨氏的访谈中，这一点得到了鲜明的印证，她没有自主选择的权利，也没有选择的需求。

笔者在一次跟随村民看电视时，发现部分村民热衷于唱歌节目，大部分村民都喜欢收听收看央视 15 套音乐频道，节目中有时会放一些当地的民歌。每当听到当地的民歌时，有些村民会跟着轻声唱，有些会露出骄傲的神情，有些则是静静地欣赏。"央视都会播放我们民族的民歌，说明我们的民歌相当可以啊！"在一次看电视的过程中，村民向笔者自豪地说道。宣恩县是恩施州八个县市当中民俗民间文化保留相当不错的县市。由村民的观看行为可推测出，土家族和苗族的少数民族群体对于歌唱艺术的喜爱程度直接影响到

① 郭庆光. 传播学教程 [M]. 北京：中国人民大学出版社，2003.

他们的观看选择。在村民的业余生活中，三四家人团聚在一起时，男性壮年都会随意在家门口即兴唱起三棒鼓。

（三）电视的影响力

乡民的日常生活以农业生产为主，以电视为首的现代化媒介以其特定的形式和高普及率成为村寨中人们日常生活的主要组成部分，其解构了传统的乡土社会，营造着新的文化氛围，主要体现在以下三个方面。

1.消费主义的建构

虽然说广告已是城市人生活的一部分，其无处不在和无孔不入的特性以及狂轰滥炸的信息冲击让人几乎抵挡不住广告强有力的诱惑。楠木园村作为少数民族村寨，虽然远离城市喧嚣，但随着大众传媒的迅速普及，尤其是电视在村中普及率达到100%，仍无法摆脱被广告围困的境遇，村民对广告的识别程度相当堪忧。笔者在前往楠木园村的途中发现，乡村公路沿线村民的房屋外墙上有着大量巨幅平面广告，甚至还有部分男性和女性专科医院的广告，其醒目程度令人汗颜。村民喜欢看电视，每天从晚饭时间开始，多数村民家里的电视就开启了陪伴功能。祖辈因自然环境因素被阻隔在山中，多年前那些黑白或是色彩的画面与声音给他们单调的生活增添了色彩。对于农忙之后的村民来说，收看电视节目是他们在闲暇时刻的消遣活动之一。随着经济的不断发展，村中农户的经济收入提高，最开始村里较为富裕的家庭买了影碟机，在赶场时从周边村镇上购买或者租借各种影碟进行观看。电视剧中那些奢华的场景、靓丽的衣衫和才子佳人与现实虽天差地别，但他们却沉溺其中。在观看电视节目的过程中，笔者总是能听到村民想要拥有广告产品的欲望表达。笔者在楠木园村5组的黄家观察时，男主人老H在电视上看到格力董明珠关于"让世界爱上中国造"大松电饭煲的广告后，他发出感慨说："哈格咋的！这个电饭煲看起比我屋头的这个安逸得多，等么时儿赚到钱哒之后，我也要去搞个试哈哈。前段时间新闻里放的有些中国人都跑到日本去买了中国制造的马桶盖盖回来，他们真的是一点都不晓得中国的东西有好好的哦。"在多数村民家中，所谓的国家品牌计划产品随处可寻，"美的""海尔""格力"等品牌的电器，"云南白药""金龙鱼""蓝月亮""汇源"等品牌的日常用品、药品和饮料，这都是广告印刻在日常生活中的体现。笔者有一次就洗衣液和洗衣粉的使用进行了询问，1组寨顶老 Y 家的年长女性说："年少时洗衣服使用的是皂角，后来看电视广告说'汰渍'的洗衣粉去污力很强，结果去年儿媳妇看了电视说现在人洗衣服都用洗衣液了，哪还用洗衣粉呐！"老 Y 家年长女性在潜意识里以电视广告为指导对所用物品进行选择，这就是电视媒介使乡民形成的一种典型的消费主义心理和选择方式。

2. 媒介影像的虚构

乡村社会的生活越来越多地折射出城市生活的时尚缩影，现代化媒介虚构出城市生活方式的媒介影像，而这种虚构对乡民的三观建构产生了重要影响。在楠木园村，土家人的传统服饰被取代，只有少部分年老者着传统青布长衫。在笔者调查期间，除了少数老人还穿着长衫外，未见其他村民穿。一位中老年村民曾跟笔者抱怨道："要是在往年子，遇到他们那样儿，个个都是着家伙的像，一天'二不跨五'的，没得个正经的。"村中的青少年，尤其是十五六岁的孩子认为："我觉得好看，我就要那么穿。电视剧里男女主角都那么穿的。人家可以，为什么我不行呢？"大有"我的青春我做主"的态势。因此楠木园村的青少年群体，是受现代传媒影响最明显的群体，他们的行为受到他们所接触的大众文化的影响。大众媒介给他们虚构了一个不可触及的城市生活场景。笔者曾访谈一位 X 姓女性，她是个不到 20 岁的少女，因学业成绩太差，初一就被学校开除，于是跟随朋友跑去广东打工。过年回家期间的小 X 一头灰白色的披肩长发，右耳戴了一个镶钻耳钉，左手腕内则纹有一只蝴蝶，上身穿了一件亮灰褐色毛衣，下身穿了一条性感的小皮裙，脚蹬一双黑色长皮靴。如此装扮的确引来不少关注，但是她自己说："看到影视明星都那么穿，我也想跟她们一样。"在社会的快速变化发展之中，媒介已成为影响现代化进程的核心要素。首先，媒介从文字符号、视听语言、行为逻辑等多视角虚构了现代化的社会结构和主观体验。其次，作为意媒，媒介在不断地构建着现当代城市人的生活场景。大众媒介作为大众文化最重要的载体，对娱乐性、商业性、低俗化的亚文化传播起到推波助澜的作用，大大满足了自我意识强烈的村中青年，他们一一模仿媒介引导的流行趋势，以显示自己的品位，而无从认知媒介影像虚构与现实生活的区别和差异性。最后，媒介文化对青年群体的世界观、人生观、价值观的形成起到了不可忽视的作用。在成长过程中，媒介文化将长期存在于他们的大脑之中影响他们的认知。

3. 信息传播与发家致富

楠木园村作为当地镇政府树立的典型，是对外宣传少数民族的重点村寨。楠木园村的农村产业结构调整、精神文明建设、危房改造工程以及易地扶贫搬迁等问题都备受政府部门关注。所有建设性工程都围绕镇政府建设"社会主义新农村"的大体目标和县政府"中国民间文化艺术之乡"特色发展之路而进行。楠木园村在村委会办公室建立了放映室，播放的内容大多是农村政策、农业技术节目以及党员干部专题片，如《党参栽培技术》《建党伟业》《为人民服务》等，村委会定期组织村民和党员观看。笔者在田野调查期间，参加了一次村民集体收看影片的活动。村干部通知2、3组的村民观看央视农业农村频道关于山鸡放养技术的电视节目。多数家庭是夫妻均到场观看，热情高涨，并且观看时十分认真和投入，相互之间随时讨论，遇到难以理解的地方会向他人请教。对于这种农业信息的传播方式，村民认为电视语言易于接受，而且操作流程清晰可见。对文化素质偏低的村民来说，运用电视这种传播媒介更容易让他们吸收接纳。电视作为大众媒介对中青年受众群体的影响力非同一般，而土家族善用先进文化并善于学习先进技术。

五、手机——移动互联的新篇章

移动互联的新时代在悄无声息中到来，手机作为新兴媒介的强势介入对人们的生活产生巨大的影响。而就少数民族地区村寨的手机用户而言，无论乡民对于手机这个新兴媒介是被动接受还是积极运用，手机在其日常生活中都成了一个不可或缺的信息通达媒介。

（一）人人都有手机的时代

手机在楠木园村的普及率相当高，达到 90% 以上。手机几乎成了村中人社交必备的工具，无论样式和型号。根据笔者在访谈时获得的信息，现在的手机购买价格并不高，乡镇一些营业厅在做活动时，有些手机几乎是半卖半送，一些老人甚至只用花 99 元就能轻松购买到手机。年轻人、中年人通常使用智能手机；年老在家的人都是使用老人机；还有部分人使用老式手机。在信息需求量大的人眼里，手机就是一个必备的工具。而通常老人使用手机，是因为家人需要了解他们的情况和知晓他们的去向行踪。

（二）手机等新兴电子媒介的使用情况

1. 手机的不可或缺性

手机的强势介入将楠木园村的村民自然划分为手机媒介群体与非直接手机媒介受众两大群体。年轻人为了追求个性化，受到不同程度的亚文化影响，他们对于手机媒介所传播的大众文化极力靠近；而多数的中老年村民则不断地回避和抵抗现代技术的冲击，对手机持有漠视的态度。

就手机的使用功能而言，老年人只会使用通话功能，有些老年人连短信功能都不曾了解。只有部分中年人偶尔会用手机听音乐，而对手机的信息、社交和其他娱乐功能则态度暧昧不明。青壮年用户的手机使用呈多样态发展，由于技术水平的不断提升，手机功能日趋完善，而接听电话、登录微信等社交平台以及浏览新闻等都成了他们最常使用的功能。多数村民表示会直接参与微信等社交软件的互动，其中互动最活跃的是青壮年群体，其占比达到互动人数的 50% 以上。就手机使用动机而言，青少年通常出于沟通交友的目的；青壮年使用手机的动机主要是沟通与消遣；中年群体的手机使用动机则具有多样化，以交流沟通信息为主要目的，也有少部分人为增长见识和娱乐而使用手机。在楠木园村有不少留守家庭，青年在外打工，有一半的老人为了方便联络打工在外的家人而使用手机。电话拨通之后，浓浓的乡音从手机中传出，是一份思乡的情感寄托，也是信息的传递和文化的交融。

楠木园村存在着一些微信家庭群组或者是村民群组，这些群组大多数由家族掌事或者是扶贫干部所建。家族群组中多数是以一个姓氏为主要组群成员，每逢过节或者是哪家有红白喜事都会在群组中发消息，对大家进行邀请。笔者发现，L 氏家族群创建已经三年有余，最开始群中只有 10 人左右，到现在发展壮大到 50 多人。群组中有三代人，年龄 10 ~ 65 岁，跨度较大。而群组活跃度最高的时段是过年期间，因为长辈会在群组中发红包。而在日常沟通中，多数为长者分享的某些类似心灵鸡汤和实时动态的链接。因而我们不难发现，微信群组已经成为情感连接的媒介，而且手机成为人们不可或缺的沟通交流工具。

2. 对电脑的好奇心理

楠木园村除了村委会和卫生室有台式电脑外，村中无人在家中使用电脑。村委会电脑配备了打印复印一体机，供村委会打印和复印相关资料时使用。笔者在采访扶贫专干刘娉时，他对笔者的笔记本电脑产生了强烈的好奇。因为我们家族保留着每年回老家过年的风俗习惯，因此我们家小孩子带回村中使用的一些物品都是他们眼里的稀罕物。2009 年过年时，楠木园村还没有通网络，但小孩子回家过年人手一台笔记本电脑，电脑里都是下载好的电视剧和单机版游戏。2014 年过年时，笔者带回一台平板电脑，当时周边的小孩子每天都会跑到家中来看笔者的弟弟和侄子拿着平板电脑玩游戏，眼里充满了对新鲜流行事物的好奇和想要拥有的欲望。等到弟弟和侄子玩累后，家中长辈都会小心翼翼抚摸和轻点平板电脑的屏幕，然后望着笔者说能不能让他们也玩一会儿。村中的中年人会来询问平板电脑的相关情况，包括价格、使用等。

虽说电脑在城市的普及率相当高，但是在乡村中，它似乎不是一个生活必需品。大多数时候电脑还没有电视在生活中的地位高，电视易于操作、不限定使用者的文化水平，因而得到了广大乡村用户的喜爱。

六、媒介与乡村

（一）乡村媒介使用变迁个案详述

1. 中老年群体访谈实录

刘咸光，男，1953 年 11 月 5 日出生于楠木园村 3 组，现为楠木园村村党支部书记。现年 60 多岁的村支书，明显因身体和年纪在工作上有些吃力，但本着为村民服务的宗旨，践行着为大家做好事、认真办实事的淳朴善良家风，为村中人所敬佩。其在乡村信息传播中通常作为官方信息的宣讲者，作为为村民解读乡村政策的宣传者和少数民族村寨文化的传播者。

与村支书的访谈分为 2 次，第一次访谈的内容主要是询问楠木园村的一些基本情况，其中包含村广播、网络宽带、电视和村里工作基本情况；第二次访谈就楠木园村的村民手机、电脑、电视等使用情况和村广播历史发展情况进行了详细询问。

20世纪70年代，村广播开始使用，之后随着固定电话和手机的逐步推行，村广播就停止使用了。那是生刘华（村支书的儿子）的时候，村支书妻子在家里生孩子难产大出血，就是村支书用村广播叫了一群村里壮劳力，将他的妻子抬去忠堡医院的，现在村支书的儿子都已经36岁了。村广播在当时存在了至少七八年的时间。2018年政府启动广播村村通的工程，每个院子都接通了高音喇叭，每天早上、中午、晚上会按时广播。头庄坪村是去年接通的，这里安排2018年接通。3组山顶上到时候都可以听到喇叭响，主线已经拉到村委会了，后面等着线拉到各个组。

关于村里电视的使用，根据村支书回忆，村里最早的一台黑白电视是14时的，就是村支书的爸爸带回来的。那时候应该是20世纪80年代，家里加上这个前后一共应该换了4台电视。村里精准扶贫对象，每家每户政府都配有一套户户通的卫星锅。还有很多村民没来领取，没有领取就放在村委会，不敢随便动。而关于报纸，没有直接送到村里，因为报纸已经完全跟不上电视的信息传播速度。村里政策上有订阅报纸，要去郭家坡拿回来。电视新闻早就讲了，报纸推后好几天，几乎没人看。有些时候有老人还会看一些。

村里2000年开始使用座机电话，那时候手机没有信号，不方便。现在只有3组的张秀明家用座机电话，他不会用手机。大多数人觉得座机太不方便了，平时上坡（做农活）了，没有人在家里接电话。

电信的网络通达到每户，每家都通了宽带。像移动、电信、广电的都已经通到上面，就是联通的没有。3组上面就没有移动的信号，但是电信的信号很强。基站只对下覆盖，不对上覆盖，所以移动的基站就覆盖不到3组上面，它就是有这样的一个缺点。那时候没有想到，而且不懂。如果把基站建到天坑坳的话，他们上面应该也能有信号了。那时候根本不懂，认为基站建了之后，周边不管高低都能有信号。村支书说，昨天开会有上报再建一个基站，他们都有了计划。这样上面也能有信号了。关于电视收看费用的问题，电信网络互动电视一年需要 360 元，户户通只要 25 元一整年。很多人不知道电信的电视多添加的一些功能，不知道可以选择收看一些电视剧之类的。村支书的两个孙辈，都知道这个功能，有时候他们回来，用遥控器一调，看电视剧看一整天。村支书每天早上起来就把电视开着，看新闻联播，看湖北新闻。没有其他的就看看 15 台（央视 15 套音乐频道），听音乐；有时还看 4 台国际频道、新闻频道。

手机有网（这里指信号）的时候村支书就在用手机了，有十几年了。大约是 2007 年的时候就在用手机，当时是家人给的一个信号最强的手机。村支书现在一个月话费都要 100 多元了，不会用微信，但是会看信息。每次在家族群里发的信息，他都看，但是不会回。他觉得现在没有手机，生活中还真不行了。现在人们如果不会电脑，又没有手机，那只能喊天了，那样信息就断了。电视已经看习惯了，如果闲时没有电视也感觉不习惯，但最不习惯的是没有电，再是手机没有信号。

村委会配有电脑 1 台，卫生室配有 1 台，政府去年下拨到位的。但是复印机不小心被雷击了，送去李家河镇上修去了。

将刘书记列为访谈对象，首先因其身份的特殊性，他不光是楠木园村的村支书，也是家族领导性人物，这种双重身份使其拥有了相当的话语权；其次他是中老年人群的代表，他的媒介接触行为有一定代表性；最后，在村寨的建设中，他是一个关键性人物，决定着村寨未来的走向。

2. 中青年群体访谈实录

刘娉，男，1976 年 5 月 10 日出生于楠木园村 4 组，现为楠木园村扶贫专干。第一次访谈内容为村里基本情况以及手机、电视和电脑的使用情况；第二次访谈内容主要为手机使用影响，楠木园村电视使用历史、全村使用情况以及使用手机网购的情况。

1989 年村里有了最老的那种黑白电视，显示屏只有笔记本电脑屏幕这么大。最初应该就是刘娉的大伯家有的电视。那时候看电视觉得很稀奇，基本上小孩子大人晚上吃完饭了都来看。看战争片比较多，也比较受欢迎。后来刘伟伟家也有了一台电视机。所有人都去这两家看电视，那时候都是搞的锅（卫星）那种接收器，放在平房后面的烤房房顶上接收信号。那时候牵线只牵了两家，别家没有电视。1992 年 5 组张超云他们家有了彩色电视，那台电视是 24 时的，虽然买的是一台旧的电视。在他看来把彩色电视一看，再看黑白电视就觉得不过瘾了，黑白电视很刺眼，彩色的立体感强。刘娉家买第一台电视是在他高中毕业之后，1998 年的一台旧的黑白电视，大概用了一两年就坏了。刘娉说他爸最喜欢看新闻，晚上 7 点到 7 点半看新闻，过后再看电视剧。那个年纪的人都喜欢看关于乡村的电视剧。家里前后换了 4 台电视，最新的一台是 2014 年购买的长虹平板电视。因为信号不稳定，现在多数人家里都用湖北广电的"村村通"。

楠木园村 3 组黄桂清家里还在用座机电话，他们家以前座机一直没欠费，还在用。而且两个 70 多岁的老人在家中，不会用手机。儿子在高罗乡当上门女婿，女儿远嫁，都是他们的子女通过电话联系他们。移动的通信基站是 2006 年动工建设的，到 2007 年上半年才竣工。

1997 年的时候宣恩一中引进了第一批电脑，那时候有相关课程。一个星期能去机房上一节课，当时刘娉只懂得开机和关机。以前有键盘手机的时候他都是用笔划，但是用拼音打字就很慢。村卫生室和村委会的两台电脑都是 2017 年 8 月份政府下拨的。刘娉平时一个人在用村里电脑，主要是因为扶贫工作需要传送上报相关信息。

从早上 8 点到下午 6 点钟，刘娉随时都要看手机。刘娉在村里工作之后，手机的使用频率相当高，很多时间都是在看扶贫相关文件。他都是在手机上看新闻，基本上不看电视，因为手机方便些。电视都是开着的，看电视基本上是在晚上 7 点到 9 点的时候。坐在电视旁边多半是在看电视，没看手机。在电视上看一下新闻，屏幕比较大，比较舒服。村里还是有报纸的，他们那些老年人还是喜欢看。像以前的老式手机，玩不来微信、QQ，人们会直接打电话。现在有些人为了省电话费，用网络（流量），就只在微信和 QQ 上发消息。有时稍微一段时间不看，就不知道发了什么信息，有些什么样的事情就不知道，不看就不知道。有些时候太吵，比电话打扰的频率要高很多。如果提示音开着，它会"叮叮"一直响，比较烦。如果不开又怕错过一些信息，要过个 10 分钟左右再去看一下手机，有重要的信息怕错过，关键是现在这些扶贫文件是 QQ、微信多，电话少。过一会儿不看的话，半天就是上百条的信息。微信群也多，有时候会找不到文件和信息到底在哪个群里面，没有个头绪了。刘娉在镇上读书的女儿现在能记着他的号码，这两三个月时间里，基本上每天都要给他打一个电话，集中在晚上 7～8 点。他的女儿会讲今天哪个小孩子在学校没听话，挨批评了，还讲今天上学跳舞，明天要唱歌，搞一些什么样的活动。刘娉平时用手机打电话不多，现在都是从微信、QQ 里面视频通话，一般都是跟远方的亲戚通话，看长相变了没有。有些时候还跟高中同学通话一下。能看到人讲话，感觉上亲热很多。刘娉认为网络时代不用手机，肯定是吃不开的。现在可以用手机网上购物。他买了一套很便宜的衣服，还有一双鞋子，但很贵重的东西还是没在网上买过。网上购买的东西直接快递寄到李家河镇上，李家河有申通快递。到了之后会有人打电话通知东西到了，需要到收发点领取，有时间就赶紧去拿回来。网上购物很方便，不需要天天逛超市，逛街很累。而且可以节约好多时间，但是质量都不怎么好。2014 年刘娉第一次在淘宝网购，在他看来，现在好多人对淘宝网评价不怎么好，东西虽然便宜，但是质量不怎么好，水货较多。不过，这两三年他都是用手机直接交话费的，每次交 30 元还可以省 2 分钱，很方便快捷。

刘娉是村寨里中青年群体的代表，他的媒介接触行为具有典型性。村寨中的中青年对媒介接触广泛而且乐于接受新鲜事物，对于微信、QQ 等社交软件运用娴熟，并有网购的经历。

3. 乡村妇女访谈实录

杨凤云，女，出生于 1943 年，1976 年嫁入楠木园村 3 组，育有一儿一女。

作为全村第一个拥有电视的家庭，杨凤云说道："只有我们家有一台，我们家最先有电视。电视是爸爸他们在城里换新电视之后，把旧的电视带回来的。那时候电视放到哪里，人都跟着跑到哪里。那时候村里所有人都跑到我们家来看电视，后来刘斌结婚的时候打发[1]的有个电视。电视在堂屋、偏房、厢房都摆放过，他们每天都要把电视看完了才走。白天做活了回来很累，他们也不管，你睡觉睡你的，但看电视还是要看的。电视里唱歌的人唱歌几好听哦，几好看哦。2007 年的时候家里老人去世，老二家说这些都留着干吗，都拿去卖了。有时候看电视剧，一晚卜放两三集的，一看完就差不多睡觉了。有时听歌，用那个专门唱歌的频道。"杨凤云对于电视的回忆充满了无比的优越感和自豪感。

在媒介使用方面，她使用手机已有四五年时间，一般都是接电话。因为不知道所用手机为老人机，没有其他功能，她曾让自己孩子帮她调出唱歌的功能，被告知手机没有此功能后很失望。她觉得现如今手机很方便，有时候家里人没回来，可以直接打个电话问下。以前都是靠扯起板筋（很用力）喊，现在有电话了，直接打电话就可以。

---

[1] 打发：恩施方言嫁妆的意思。

村寨中的妇女群体受教育程度较低，并且没有选择权，大多数都是根据家中人的喜好来安排自己的生活习惯。在看电视这种事情上，妇女基本没有选择的余地，跟随他人的喜好观看。而在媒介接触行为方面，大多数妇女处于被动接受状态，没有主动学习的欲望。

采访记录

笔者与村民的访谈记录如下，其中 A 为笔者，B 为被访者。

村支书访谈记录

A：前段时间我有听见头庄坪的大喇叭广播。

B：是的，2018 年实现村村通，每个院子都接通了高音喇叭，每天的早上、中午和晚上都会按时广播，头庄坪村是去年通的，我们这是安排 2018 年通。像 3 组山顶上到时候都可以听到喇叭响，主线已经拉到村委会了，后面等着线拉到各个组。

A：网络宽带是否通了？

B：电信的网络到户，每家都通了宽带。像移动、电信、广电的都已经通到上面，就是联通的没有。

A：那村里还有接收不到信号的情况吗?

B：像 3 组上面，就没有移动的信号，但是电信的信号很强。

A：前面小山上不是有移动的基站吗?

B：这个基站只对下覆盖，不对上覆盖。所以 3 组上面就覆盖不到，它就是有这样的一个缺点。那时候没有想到，而且不懂。如果把基站建到天坑坳的话，他们上面应该也能有信号了。那时候根本不懂，认为基站建了之后，周边不管高低都能有信号。

A：也就是基站信号的覆盖是对下不对上的？

B：是，昨天开会有上报再建一个基站，他们都有了计划。这样上面也能有信号了。

A：我看到村委会还有很多户户通的锅儿（卫星接收锅）？

B：对，精准扶贫的对象，每家每户都有一套户户通的卫星锅。他们还有很多人没来领取。没有领取就放在那里，不敢随便动那些东西的。

A：宽带和户户通这些都是怎么收费的啊？

B：电信网络一年 360 块，户户通只要 25 块一整年。很多人不知道电信的电视多添加的一些功能，不知道可以选择收看一些电视剧之类的。我的两个孙子，他们都知道这个功能，有时候他们回来，用遥控器一调，看电视剧看一整天。这些功能我都不会。

A：安装的人都没有教你们使用吗？

B：没有教过，所以现在我们这里真的很缺人才。你看那个计生专干，为什么要找刘俊呢，就是因为村里没有其他人，它的要求是必须高中以上文化程度、45 岁以下。现在很多年轻人都出去了，家里根本没有多少人。

A：都是一些老人在家吧？

B：都年纪大了，而且没人会用电脑。

A：我们村有多少个党员啊？

B：我们 13 个党员，但是他们都在外面。除了刘娉在家，其他都不在。你看我都六十好几了，还有黄华儿也是六十好几的人了。

A：年轻人都不愿留在家里是因为什么呢？

B：你像当村干部那点工资根本养活不了一家人。你像刘娉每年才 2 万多元，他上有老，下有小，这点钱根本不够他们家开支。我每年大概工资是 38600 元，每个月发 60%。如果村是靠着集镇在街边上，还可以做些生意之类的，但是这上面什么都没有。

A：村干部的待遇不好吗？

B：村干部不是公务员，没有养老保险。当一年村干部，县委组织部给农保和养老保险，但是超过 60 岁就没有了。老百姓都不理解村干部，觉得一年 3 万多，觉得不得了，好玩呐，都想做。

A：乡里乡亲的工作也不好做吧？

B：都是亲戚，都是沾亲带故的。

A：我看到从郭家坡过来的水泥公路只有一段，村里公路现在情况怎么样？

B：昨天刚开了会，到郭家坡的路是去年就规划好的，只是因为到冬天温度下降之后，水泥路没有倒完。一直想让 3 组上面能铺上水泥路，但是最后还是只争取到砂石路。

A：脱贫致富的任务很重吧？

B：一直说想弄一个项目，每次都再说。但是现在土地又少，村里老人又多。之前一直寄托于刘超的红石林旅游项目，他找人投资之后上面肯定能得到很大的改观。

A：什么时候开始用手机的？

B：手机有网（这里指信号）的时候就在用手机了，有十几年了。2007年的时候就在用手机，当时是弟弟给的一个信号最强的手机。

A：村里有几台电脑？

B：村委会有一台，卫生室有一台。

A：我听刘娉说卫生室的被雷击了？

B：是复印机被雷击了。

A：现在看电视时间多吗？

B：每天早上起来就把电视开着。

A：一般看些什么节目？

B：看新闻联播，看湖北新闻、中央新闻。没有其他的就看看 15 台（央视 15 套音乐频道），听哈音乐。有时还看 4 台国际频道、新闻频道。

A：现在还有人看报纸吗？

B：报纸没有送到村里，你看报纸的速度还跟不上电视。村里有订阅报纸，但是在郭家坡都没有拿回来。电视新闻早就讲了，报纸推后好几天，根本没什么可看的。

A：村里最早的一台黑白电视是什么时候有的啊？

B：那个是 14 吋的黑白电视，就是爸爸带回来的。那时候应该是八几年吧。

A：家里换过几个电视？

B：加上这个应该是 4 个了。

A：以前的黑白电视还在吗？

B：没用都甩了的。不然放在家是个垃圾了。

A：手机现在用得多吗？

B：现在一个月话费都要 100 多了。

A：会用微信吗？

B：不会用，但是会看信息。他们每次在家族群里发的信息，我都看，但是不会回。

A：觉得手机和电视对你们的生活影响大吗？

B：我现在觉得没有这样一个东西，你还不行了。现在我们不会电脑，但如果没有手机，那只能喊天了，那样信息就断了。电视已经看习惯了，如果没有事了，没有电视也感觉不习惯。现在最不习惯的是没有电，再是手机没有信号。

A：村里用手机的人多不多？

B：村里的人只要是在家都用，两个人在家都有手机。只有那些惠崽娃们（恩施方言，小孩子的意思）没有手机。因为有个手机比较方便。

A：现在每家每户都有电视吗？

B：基本上家家户户都有。

A：那座机电话呢？

B：只有3组的张秀明在用，他不会用手机。座机太不方便了，平时上坡（做农活）了，没人在家里接电话。

A：楠木园村最开始什么时候有座机的？大概是哪一年？

B：十几年了，2000年的时候有座机电话的，那时候手机没有信号，不方便。

A：村里出去打工的人多吗？

B：基本上常住在村里的100多人都是老人，其他的都出去了。

A：村广播最开始是什么时候有的？

B：七几年的时候就有，之后有电话、手机就停用了。那时候是生刘华（儿子）的时候，妻子在家里生孩子难产大出血，是我在村广播叫了一群村里壮劳力，将妻子抬去忠堡医院的，都已经36年了。

A：村广播存在了多少年？

B：至少有七八年的时间。

L姓男性访谈记录

A：你觉得手机对生活有影响吗？

B：我觉得还是有影响的，像以前的老式手机，玩不来微信、QQ，他会直接打电话。现在有些人为了省电话费，就只在微信和QQ上发消息。有时稍微一段时间不看，你就不知道发了什么信息，有些什么样的事情你就不知道。你不看就不知道。有些时候太吵，比电话打扰的频率要高很多。

A：电话是直接通达性比较强，微信必须联网用流量。

B：是啊。你如果提示音开着，它会"叮叮"一直响，会比较烦。如果不开又怕错过一些信息，过个 10 分钟左右要再去看一下手机。

A：是因为一些无关紧要的信息太多了吧？

B：有重要的信息怕错过，关键是现在这些扶贫文件都是 QQ、微信多，电话少。

A：他们会觉得把文件传在上面更加方便快捷。

B：但是你过一会儿不看的话，半天就是上百条的信息。微信群也多，有时会找不到文件和信息到底在哪个群里面，没有个头绪了。

A：现在信息来得比较烦琐复杂，没有电话来得准确。

B：现在信息量太大，有些时候还有些聊天的记录，不删除一些都不好找。

A：手机上现在都安装了一些什么软件？除了微信、QQ。

B：社会扶贫网，以前农户房屋注册登记的导航，还有信息化管理平台，这些都是政府工作需要安装的。还有交电费的，掌上电网。

A：楠木园村是什么时候通的电？

B：具体时间记不清楚了，但是 30 年应该有了。

A：那是七几年的时候？

B：不是，应该是八几年。具体时间要问他们。那时候读小学，我才十二三岁的时候就有电视。

A：还记得以前电视的情况吗？

B：以前最老的有那种黑白电视。显示屏只有笔记本电脑屏幕这么大。

A：是谁家有的呢？

B：那时候最初应该就是我们院子里，大伯他们家。

A：电视有多大？笔记本电脑 14 吋的。

B：当时有 12 时、14 时的。那应该是 14 时的，比现在村委会的老式电视要小。

A：记得小时候看电视的场景吗？

B：那时候看电视很稀奇。那时候有一个电视，基本上小孩子大人晚上吃完饭了都来看。

A：记得那时候都是一些什么样的影片吗？

B：战争片比较多，也比较受欢迎。

A：大概一般放多久电视？

B：那时候时间比较长，下雨天会在家里看 7～8 小时。

A：后来的情况呢？

B：后来刘伟伟家也有了一台电视机。

A：都是去这两家看电视吗？

B：所有人都去这两家看电视，那时候都是搞的锅（卫星）那种接收器，放在平房后面的烤房房顶上接收信号。那时候牵线只牵了两家，别家没有电视。

A：那时候大概是什么时候了？一九八几年吗？

B：具体时间记不太清楚，我那时候才十几岁。应该是 1989 年。

A：村里什么时候有的彩色电视？

B：有两台黑白电视之后，相差三年，村里有台彩色电视。那时候是买的别人旧的。

A：那就是 1991 年还是 1992 年的时候了，那是哪一家买的呢？

B：5 组张超云他们家，那台电视还比较大。24 时那么大的，而且买的是一台旧的电视。

A：当时有去看过那台电视吗？

B：那去看了的，把彩色电视一看，再看黑白电视看着就觉得没有瘾了，黑白电视很刺眼，彩色的立体感强。

A：自己家什么时候拥有第一台电视的？

B：我们家有第一台电视是我高中毕业之后，1998年的一台旧的黑白电视。大概用了一两年就坏了。

A：那时候主要看些什么节目？

B：我爸爸最喜欢看新闻，晚上7点到7点半看新闻，过后再看电视剧。他们喜欢看关于农村的电视剧，比较土的那种。

A：家里一共用了多少台电视？

B：一共用了4台电视。

A：现在用的电视呢？

B：这台电视是第4台，是2014年买的。

A：大概多大的？

B：24时的，平板。

A：是液晶的吗？

B：不是。

A：是什么牌子呢？

B：海……

A：海信？海尔？

B：长……长虹的。

A：效果怎么样？

B：效果不错，比较清楚。

A：现在村里的电视是用的广电的还是网络的？

B：去年下半年用电信的用了半年，维护得不好，系统经常坏，就没有用电信的。

A：电信不太好，另外一种是广电的吧？

B：基本上都是用锅儿（卫星）。要交费的，每个月收 25 元的。

A：那是广电的，电视台的搞的，是村村通的电视，稳定性强些。

B：看的内容比较多，看的电视没有太多，所以都是用的锅儿。电信每年要 300 元，光看电视就要那么多。

A：刚开始电信来的时候是不是家家户户都办理了的？

B：基本上住在家里的全部线都接通了的。

A：但是有几户办了电信的呢？

B：在家里一多半都办了的，全村 95 户有 60 户都办过。

A：那现在用电信的人家还有吗？

B：我转了几圈，几乎都没有人用过了。

A：那现在基本上都是用的广电的锅儿。

B：因为它有个接头，牵了一根线。那根线像针一样，太娇弱了，稍微碰一下就坏掉了。用电信的那段时间老百姓反应比较大。网不好，看不到。

A：你们给他们电信运营商反映情况了吗？他们那说了些什么？

B：他们就讲的，晓关这边几十个村都出现了这种现象。

A：那还是它整体网络的问题，技术水平没达到标准？

B：所以上次看了不到一个月修了三次，所以就没用了。就把卫星锅儿放到楼顶上去了。老百姓他们每天只看得到一些东西，又要缴费，有时候不需要看那么多。他们普遍认为不划算，他们就不用了。

A：主要是稳定性不太好吧？卫星锅能收到多少个台？中央台能收到吗？

B：十几个台能收到，中央电视台能收到，再就是安徽、重庆、湖南收得到。但是收不到恩施台和宣恩台，要牵电信网络才能收到。

A：那如果你想了解恩施和宣恩的新闻通过什么途径呢？

B：那就只能用手机看哈，老百姓如果不玩手机的话，基本上不知道周边地区发生了什么。

A：那也就是他们根本不知道恩施、宣恩发生了一些什么样的事情。

B：以前我们上面就是这样，还是黑白电视的时候就只能看到湖南台，看不到恩施境内，湖北台都看不到。

A：那现在的锅儿能收到湖北台吗？

B：我那个锅儿收得到，只是看不到恩施州内的。

A：那也就是它接收到的湖南的信号更多一些？就像原来我们最开始上来，这上面手机信号会是湖南吉首的一样？

B：对，原来在我家那个位置打电话都是长途，湖南的信号，但是在坡这边都是湖北的信号。

A：楠木园离吉首很近吗？

B：离吉首不是很近，龙山县属于湘西，龙山距离还有一些。

A：但是这建有一个移动的基站啊？

B：建好之后都是湖北的信号了，而且联通之类的也没有之前的情况了。

A：现在每户人家一般多久去一趟？

B：现在驻村的尖刀班，要求必须每个月到户一次，并且需要影像资料证明。从去年需要统计上交的资料比较多，光靠老百姓送来，几乎不太现实。尤其是老年人给你送来的话，都搞不好事。所以想要一些身份证、户口簿等一些资料，都需要自己去各个村组直接拿。一个月基本上一户要跑两三趟。扶贫资料上报表一般都需要身份证、户口簿、银行的存折或卡。

A：村里所有家庭都有电视吗？

B：目前有一户没有电视，是以前的电视坏了，就没有买了。

A：是哪一组的？

B：3组的。家里只有一个老人。

A：是孤老吗？

B：不是孤老，儿子去外面打工去了。

A：他有手机吗？

B：他没有手机。

A：他怎么跟外界联系的呢？

B：他现在只有两个月存在这种状况，他以前和他的儿子住在一起的，后来和他儿子的关系不好，所以才回老家来住，没有任何通信工具。有事的时候也就是他的儿媳妇打电话到他旁边那户人家家里，叫他一声接电话。

A：一般一个家里都有一台电视？有两台之类的情况吗？

B：都只有一台电视。

A：村里用手机的频率高吗？

B：其实不太高，都是老人年纪比较大。主要是跟远房亲戚通话。

A：你女儿在镇上读书，一般多久给你打一次电话？

B：她现在能记着我的号码了，这两三个月，基本上每天都要给我打一个电话。多半时间在晚上 7～8 点钟。

A：大概讲些什么内容呢？

B：因为隔着距离能接触的时间不多，比较想念爸妈，所以每天打电话问吃饭了没，又去哪里玩了。

A：她会讲一些她每天上学的情况吗？

B：讲啊，讲今天哪个小孩子在学校没听话，挨批评了，她就跟我讲这些。

A：有讲到她每天上学学的哪些内容吗？

B：今天上学跳舞，明天要唱歌，搞一些什么样的活动。小孩子太小才 4 岁多，不到 5 岁，今天的活动很好玩，她会说这些。

A：电话是她自己会用的吗？

B：都没有教她，都是她自己会用的。

A：通话时间有多长？

B：通话时间大概就是 5～6 分钟。

A：你现在用手机打电话多吗？

B：不多，现在都是从微信、QQ 里面。

A：会视频通话吗？

B：会。

A：一般跟谁视频通话？

B：一般都是跟远方的亲戚通话，看长相变了没有。有些时候还跟高中同学通话一下。其他人都不会。

A：一般聊些什么？

B：主要是好久没在一起了，想看一下，可以看一下，长变了没。能看到人讲话，感觉上亲热很多。

A：你觉得手机对你的影响是好处多还是坏处多呢？

B：我觉得还是好处多。网络时代你不用手机，肯定是吃不开的。现在在网上可以用手机买东西啊，购物啊。

A：你有用过吗？

B：我用过的。

A：买了什么东西呢？

B：买了一套很便宜的衣服，还有一双鞋子。很贵重的东西在网上没买过。

A：那货品邮寄到哪里的呢？

B：直接快递寄到李家河镇上，李家河有申通快递。

A：那你们是自己去拿？

B：对，到了之后他会打电话说你有个什么东西到了，来取。有时间就赶紧去拿回来。

A：就只买衣服和鞋吗？

B：是的，很少买贵重的东西。

A：农业用具或者小家电之类的有买过吗？

B：没有。因为经常上街，有需要买的都买了。我觉得这个网上购物还很方便，不需要天天去逛超市，逛街逛得很累，而且可以节约好多时间。

A：买回来的东西觉得质量怎么样？合身吗？

B：网上买的东西，便宜得多，但是质量都不怎么好。

A：穿得多吗？

B：穿了几次，烂了就没要了。当时也是试一下，看看网上的东西到底怎么样。在网上买这些穿的还不如在实体店买。

A：第一次网购的时间是什么时候？

B：是 2014 年。

A：用的什么网，是淘宝吗？

B：是用的淘宝。到底用哪个网买会便宜些？

A：那具体要看你买什么东西。

B：我感觉现在好多人对那淘宝网评价不怎么好，它的东西比较便宜，但是质量不怎么好，水货比较多。

A：现在用手机交话费吗？

B：对，这两三年都是用手机交的。而且每次交 30 元还可以省 2 分钱。

A：都是用微信交的吗？

B：对，都是用微信，而且电费也可以用微信。

A：除了电费和话费，有交其他费用吗？

B：没有。

A：楠木园村现在有多少人用微信？

B：大概 40 岁以下的人都会使用微信。

A：40 岁以下有多少人？

B：应该不足 100 人，八九十人吧。

A：他们都有微信吗？

B：他们都有微信，14～16 岁的都有微信。

A：你都加了他们微信吗？

B：我手机上加的都是贫困户。平时联系方便一些。

A：40 岁以下的贫困户有多少啊？

B：贫困户是他们一家有那么一人或两人，都是和老人住在一起的。44 户贫困户，188 人中有一半是年轻的、40 岁以下的。

A：一般用手机玩游戏吗？

B：很少，基本上是很无聊的时候，玩一下斗地主。半个小时到一个小时。

A：您的文化程度是什么？

B：高中毕业。

A：看书识字这些都没问题？

B：看书都认识没问题，那时候 1997 年毕业的，1997 年的时候宣恩一中刚开始引进第一批电脑，那时候有计算机课。一个星期能去机房上一节课，就只懂得开机和关机。

A：现在用电脑呢？

B：以前我有键盘手机的时候都是用笔画，但是电脑要用拼音，我打字就很慢。

A：可以给电脑外接一个写字板，直接写字输入的。

B：现在都不太需要，主要是要填一些表格，都是些数字，其他的都不需要用，我不会做表格。

A：想学我可以教你的。

B：有时间可以啊。

Y 姓女性访谈记录

A：还记得关于家里第一台电视的情况吗？

B：那时候村里都没有电视，只有我们家有一台，我们家最先有电视。电视是爸爸他们在城里换新电视之后，把旧的电视带回来的。那时候电视放到哪里，人都跟着跑到哪里。那时候村里所有人都跑到我们家来看电视，后来刘斌结婚的时候打发（嫁妆）的有个电视。

A：都放在一些什么位置啊？

B：堂屋啊，偏房啊，厢房都放过。他们每天都要把电视看完了才走。

A：那你们一般什么时候睡觉？

B：那时候白天做活了回来很累，他们也不管，你睡觉睡你的，他们看电视还是要看的。

A：那时候电视都放的一些什么节目？

B：那时候电视里唱歌的人唱歌几好听哦，几好看哦。

A：家里用了几台电视了？

B：我们换几台了。

A：最老的那台黑白电视去哪儿了？

B：那个卖了的，后来我们又买了一台。

A：后来的电视机呢？一般都怎么处理了的？

B：都卖了。2007 年的时候家里老人去世，老二家的说这些都留着干吗，都拿去卖了。

A：卖了多少钱呢？

B：好像是 15 元吧。

A：我看到偏房有个电视？

B：那个电视坏了的，放在那儿占地方，卖了又卖不到几个钱。

A：平时都看些什么节目？

B：有时候看电视剧，一晚上放两三集的，一看完就差不多睡觉了。

A：还看其他节目吗？

B：有时候听歌，就是那个专门唱歌的频道。

A：没其他的了吗？

B：再就是撞到什么看什么。

A：什么时候开始用手机的？

B：我这手机用了好几年了，已经有四五年了。

A：手机除了打电话还做其他事情吗？

B：就只有打电话。

A：是接电话多还是打电话多？

B：一般都是接电话。有时候家里人没回来，会打个电话问下。以前都是靠扯起板筋（很用力）喊，现在有电话了，方便好多。

A：有跟孙子他们打电话吗？

B：孙子有些时候会直接给我打电话。我有一次打过电话，它说暂时无法接通。

A：儿子女儿一般有通话吗？

B：原来没有，上次去城里住的时候，女儿经常会打电话。

A：你的手机是老人机还是智能手机啊？

B：老人机，什么功能都没有。上次女儿回来，我说让她把我的手机设置一个唱歌的，她说我的手机没有这个功能。

A：村里人都用手机吗？

B：村里人都有手机，在家的老人尽管六七十岁了都有手机。

A：我们这上面最开始什么时候有电话的？

B：应该有十五六年了，现在那个电话机都还在那放着的，现在没人用了。

B：现在手机很便宜，几百块就能买一个，大家都能去买一个用着。

A：记得村里广播是什么时候有的吗?

B：生刘华的时候都有了，30多年了吧。那时候难产大出血，幸好当时各组都有广播，在广播上喊了以后，一群人把我抬到了忠堡医院去的。

（二）媒介认知

少数民族地区村寨村民的媒介认知主要源于日常生活而非教育，他们每天接触到的媒介都是日常生活的必需品。

1.选取对象角度

本部分选取了三个访谈对象，进行了具体记录分析。三个访谈对象均具有一定的代表性，其中村支书作为官方媒介渠道具有一定威望；而 L 姓男性和 Y 姓女性作为普通民众有一定代表性，同时兼顾了男女性别、年龄覆盖宽度等相关问题，使研究对象更具完整性。

2.媒介影响力

（1）认知层面

新闻是信息传播的主要源头，人们通过获取新闻信息，从而更好地了解外界变化，在潜移默化中认知社会、构建价值观等。在访谈中，笔者问及平时收看什么内容的时候，大多数访谈对象说看新闻，尤其是成年男子。问及为什么喜欢看新闻时，大部分回答是"了解国家政策""想知道外面发生了什么事""学知识"等。L 姓男子会根据自己每天在手机上看到的内容进行一个世界观的认知。而当他接收关于他人的一些信息时，他也会有一个自我认知的过程。微信群组在乡村亲戚中的建立，使得外界和楠木园村有了同一个沟通交流平台，让他们有了另一个渠道来建立自身的认知体系。

（2）生活层面

法国社会学家让·鲍德里亚（Jean Baudrillard）提出，消费主义不断地建构着不同的生活方式，消费具有不同的目的性，大多数是欲望的满足。在乡土社会中，乡民存在一定的攀比心理。消费主义透过传播媒介，对人们的生活产生重要的影响，因为有了电视、手机等媒介，这种影响也随着时间的推移逐渐体现出来。在刚开始出现电视的时候，它作为一个奢侈品而存在。随着经济的发展，电视成为家庭必需品，也就是结婚时的重要打发物品。笔者与 Y 姓女性访谈中，她不止一次提及在电视上看到某品牌的物品后，便让孩子从县城买回家来使用，然后会有意无意地向其他人提到该物品，而其他人也会因而产生想要购买的欲望。

七、乡村的媒介素养培养

原创媒介理论家马歇尔·麦克卢汉（Marshall McLuhan）认为，媒介是人的延伸。随着媒介功能的增强和完备，人与外界的交流互动更加频繁。媒介信息传播快速、准确的重要性在日常生活中日渐凸显。但是，少数民族村寨中信息传播的效果不容乐观。我国少数民族村寨的媒介资源占有率有较大的提高，电视的普及率不断上升，部分乡民家中有多台电视。但是，媒介普及率高并不意味着媒介影响力大，媒介资源的高普及率并没有收获相对应的传播效果。城市生活中信息的有效传递对于人们的衣食住行有积极影响。而对于少数民族地区的村寨而言，大多数人只是把大众媒介当成一种放松心情的工具，没有达到引导生产和生活的现实效果。

（一）乡村媒介素养现状

近几年来的研究表明，我国关于媒介素养教育的研究重点仍然集中在城市受众群体身上，对乡村受众群体的媒介素养教育的重视程度有待提高。我国目前有9亿乡村人口，其在总人口数中的占比接近70%。村寨村民是我国媒介素养教育工作中不容忽视的部分，可以说是中国受众媒介素养教育的重点关注对象。如何提升少数民族村寨的乡村受众的媒介素养，是一个迫切需要解决的问题。

（二）培养乡村媒介素养的必要性

我国城乡差距较大，乡村基础配套设施建设有待完善。大众媒介在信息传播中仍然处于主体地位，在乡村信息传播中具有特定的优势。通常来说，乡村受众的信息需求量不大，而且获取信息的渠道多数是大众媒介。对于居住在城市中的市民来说，他们具有一定的知识水平和经济实力，获取信息非常简单，几乎可以分秒完成。但对于受教育水平较低、观念相对封闭的乡民来说，获取与生产和生活密切相关的信息并非如此简单。农业实用信息的有效快速传播已成为推动农村发展进步、维护社会和谐稳定的首要条件，是建设社会主义新农村的基础。因此，促进农业信息的传播，提高乡民的媒介素养已成为解决农业、农村和农民问题的重要方式。

1. 乡民的信息获取和认知能力有待提高

对于提升乡民的媒介素养，首先是要提升乡民对大众媒介的了解程度和获取正确的媒介信息的能力，并使其以理性的批判意识接触媒体信息。然而，乡民存在着一种普遍现象：他们不知道如何通过媒体获取所需要的信息。许多人没有具体的目标和计划与媒体接触。他们是自由和分散的，被动地由媒体引导，没有意识到他们需要的信息，而是每天被动地看电视。手机媒体功能单一，只起到召唤和连接情感的作用。许多乡民用手机接收短信，但他们从不翻看短信，因为他们不了解如何操作或缺乏信息接收意识。一些乡民有主动获取信息的意识，但他们没有足够的能力去认识、辨别和选择信息。由于少数民族村寨的部分乡民缺乏对信息的认知能力，他们沉溺在信息污染的海洋中无法找到自己所需的信息。在当前的媒介环境中，信息的内容是非常混杂的，珍宝和垃圾并存，有序与无序共存。具有多样性的信息对于那些具有较高媒介素养的人来说是丰富的资源，但是对于那些具有较低媒介素养的人来说，大多数为被动选择。虚假广告、假冒伪劣信息等的存在，严重污染了我们的社会，对受众的身心健康造成极大的危害，而农村受众只能被迫接受媒体信息。

2. 乡民的媒介利用范围较为狭窄

随着经济水平的不断提高，现如今我国乡村乡民接触大众媒介的情况以及获取外部信息的条件得到大幅度的改善。随着政府大力推动"村村通"工程，少数民族地区村寨的乡民利用电视来收看天气预报和相关农业信息，从而指导生产活动。而随着手机使用率的提高，信息利用率大大提升，乡民也开始利用手机寻找发家致富的信息；只有小部分乡民在特定条件下利用传统媒体来维护自己的权益。由于我国乡村受众接触媒体的范围比较狭隘，对媒介信息的认知能力不强，并且利用媒介的范围较为狭隘，除了从媒介获得简单信息外，他们不知道如何通过大众媒介表达自己的意见，诉说自己的委屈。笔者在楠木园村调查访谈期间，发现有村民被电信诈骗的现象，还有被网络贷款缠身不能还款的情况。在村民的利益受到损害时，他们无法辨别有害信息传播的源头，因而成了最容易受到侵害的群体。而村民遇到这种困难时，他们通常最先想到的求助对象是村支书。在访谈村支书时，村支书也对这种情况表示无奈。他也希望有渠道和方法能让更多的村民提高信息的甄别能力，不至于让更多的人上当受骗。

3. 乡民的媒介素养水平参差不齐

我国乡村受众在媒介素养方面存在的问题是个人之间的媒介素养水平不一。改革开放后，我国加快经济建设步伐，而在经济加快发展的过程中，出现了东、中、西部发展明显不均衡的局面，在政治、经济、文化各个层面存在一定差距。在时代大背景下，各区域媒介发展出现失衡的状况，在少数民族地区表现更加明显。长此以往，不同区域人们的媒介素养水平会出现较大差异，其媒介利用率和信息选择程度的差距将更加明显。对于乡民受众而言，农民阶层在其内部出现了分化的情况。到城市务工的乡民受众群体和留守乡村的受众群体之间的媒介素养能力大有不同。随着进城打工潮的涌动和人口流动性的不断增强，完全扎根于乡村的受众在急剧减少。进城务工成为新时期乡村的新风尚，大部分乡村青年向往城市生活，希望在城市中寻找出路，有一席之地。这些乡村青年在闲暇之余频繁接触各种大众传播媒介，再加上城市多样性的媒介为他们接触媒体提供了便利和场域，他们的媒介素养明显提升。而长期留守乡村的受众群体一般由老人、妇女、儿童组成，由于受到受教育程度、媒介接触习惯等多方面的不同程度的影响，他们的媒介素养提高难度较大。这两者虽然同为乡村受众群体，但他们之间的媒介素养水平存在较大的差距。

（三）少数民族村寨媒介素养特色

1. 利用特定民俗场域

宣恩县是苗族文化样态保留完好的县市之一，县政府积极推动少数民族民风民俗文化传播，并有效利用资源进行特色生态旅游项目发展。县委书记及县长多次考察楠木园村寨的旅游开发招商项目，并大力支持村寨道路交通和配套设施建设。

作为人际传播媒介，火塘的群体集聚性在传统媒介的冲击下并没有受到太大的影响，但是手机等新型电子媒介出现之后，火塘的媒介中心地位受到了不小的威胁。笔者通过个别访谈得知，从2009年过年开始，青年人便因手机集聚在一起。2015年大年三十时，L书记家看春节联欢晚会的人就分成了火塘派和方桌派。火塘派为中老年群体，他们围绕着火塘用电视收看春晚；而方桌派为青年群体，他们聚集在方桌旁，有些用手机或电脑看网络直播的春晚，另一些直接用手机或电脑玩游戏。

2. 融合民俗表演形式

据统计，宣恩县有 29 项传统文化被列入州级以上非物质文化遗产保护名录，其中包含多种民俗表演形式，而"三棒鼓"和"薅草锣鼓"被列入国家级非遗名录。宣恩三棒鼓是采用即兴作词说唱方式的民俗表演形式，而即兴作词为人们传递信息和传播文化注入了新鲜的力量。村寨中的中年男子在茶余饭后，一张方桌、三把椅子、三根花棒就开始了一晚上的娱乐表演。表演的场地多数为自家房前的场坝。

媒介素养的相关知识可以借助三棒鼓的形式进行相应的词曲改编，使其变得通俗易懂，进而能进入寻常百姓家。人们认识媒介的方式是多种多样的，但对媒介信息的处理却存在一定的偏差。这种偏差可能是教育、环境等因素造成的，因此我们应尽可能通过各种方式来弥补其中差距。

八、乡土社会的媒介现代化之路

（一）媒介形态多样化发展并存

楠木园村现存媒介形式多样，多种传播形式交互并存。火塘夜话仍然是信息传播的基本途径；电视等大众媒介是接收外来信息的重要渠道；手机因其方便快捷的特点成为信息发送和接收的便捷渠道；而计算机由于其操作性和知识性未能得到更多的使用。

调查结果显示，楠木园村寨中，几乎是"家家户户有电视，人人手中有手机"的状态。数据统计结果显示，电视机保有量达到100%，使用率为99%。而且村民乐于用有线电视收看节目，其费用低且信号稳定，交互性强，而收费高昂且信号不稳定的交互式网络电视几乎被搁置一边。智能手机在村寨中的使用率已经达到 70% 以上，其中大多数使用者是青年人。青年群体获取信息的渠道开始转变，他们不再是通过电视获取信息，而是直接通过手机了解外面的世界。在家族微信群中，第一时间传递新鲜消息的一定是青年。面对中老年发送的鸡汤式链接，出来辟谣的也是青年群体。

村民拥有的大众媒介多种多样，从最开始的传统媒介报纸、电话，到电视等大众传播媒介，再到手机、电脑等媒介。在这种动态化的变迁过程中，旧媒介没有因为新媒介的出现而消亡，而是呈现新旧媒介和谐同生的态势。村民习惯每天晚饭后在火塘边聚集话家常，习惯每天晨起后打开电视，习惯夜晚等待着在外忙碌的家人的电话。年轻人通过浏览手机上的信息消磨闲暇的时间，中年人通过电视打发无聊的日子，老年人看看报纸聊聊家常一天的时间也就过去了。在乡村社会媒介多样化发展并存的状态下，村民从外界获取信息的渠道不断拓宽，信息传递的速度不断提高，信息发送的数量也与日俱增。在信息化高速发展的今天，中国农村的信息传递和文化传播有广阔的发展空间。

（二）媒介渗透生活

每天清晨起床第一件事情是打开电视，这对村民来说已经习以为常。电视作为生活的一部分，达到了"此时无声胜有声"的效果。少数民族村寨中的大多数青壮年都已外出务工，村中留下的几乎都是老人和孩子。孩子上学早出晚归，有些孩子所在的学校提供住宿，只有周末才会回一趟家。在这样的情况下，电视这个可以发声的媒介则成了一个陪伴。

青壮年做完一天的农活之后，手机作为娱乐消遣的工具，不仅能让他们迅速地了解外界的变化，还能传递信息。村中有青年接触到了网络直播，觉得十分稀奇。他们告诉笔者，很多农村人在直播，他们也想试一试。因为新鲜好奇，他们对直播产生了莫大的兴趣。就对新鲜事物的接受能力来说，村寨里面的年轻人都是能手。在扶贫工作会议上，一个从外乡打工回家的青年对与会人员侃侃而谈"绿色生态立体化养殖"。根据笔者后来的询问了解，他是在网上自学了一些农业讲座视频，并从中获知"绿色生态立体化养殖"这样一个具有专业性质的词语。他跟参会人员仔细地讲了一遍他所了解的"绿色生态立体化养殖"，并建议楠木园村进行立体化养殖。当时老一辈的书记和村组组长在一旁，他们显然没有听说过"立体化养殖"这样新鲜的词语，但是他们都认真地记录并在会后进行了讨论。在此可以看出，外出务工群体接收信息的渠道更加多元化，他们的思维和想法发生了根本性的改变。村中农民不再是以前靠天靠地种植吃饭的农民，而是逐渐成为富有现代化思想的新型农民。

村中老人每天在等待着外出的儿女报平安，外出求学的孩子每天也用手机向家里的长辈汇报学习情况。因而笔者认为手机是热媒介，它不仅是信息传递的工具，也是情感传递的媒介，其信息交互频繁、人们参与程度较高等特征是热媒介的具象表征。这样的互动也使得媒介渗透到了人们生活的各处，有些青年人甚至将手机带到了田间地头直播，让更多人了解村寨生活。

（三）培养乡村媒介人

村寨是一个接收信息的场域，在接收信息的过程中，我们要对信息进行甄别。培养乡村媒介人，发挥其引领作用，带头解读信息、帮助分辨信息、高效利用信息，以求信息利用最大化，从而创造更大的经济效益，带动乡村振兴发展。

1. 树立正确媒介素养观念

多数乡民爱看新闻，但他们却不太明白其中意涵。新闻是乡民获取外界信息的主要来源之一。乡民在火塘边谈论的事件，大多数是看新闻获知的，但电视播放的一些内容和他们的现实生活相脱离。因此，我们要积极掌握乡村受众接触媒介的行为和观念，了解受众掌握媒介的基本情况，帮助政府让广大的县、乡、村干部及乡民树立正确积极的媒介观念，让更多的乡民受众形成主动接触和利用媒介的意识和习惯。

2. 逐步提升媒介素养

中国社会科学院新闻与传播研究所教授卜卫提出，媒介教育应该包括四个方面的内容：第一，了解基础的媒介知识以及如何使用媒介；第二，学习判断媒介信息的意义和价值；第三，学习创造和传播信息的知识和技巧；第四，了解如何利用大众传媒发展自己。[1] 要想将这四个方面的内容落实到乡村中，就要结合现实情况，正确认识大众传媒、积极批判大众传媒、有效利用大众传媒，逐步提升乡村受众的媒介素养。

首先，就媒介认知层面的教育而言，我国媒介市场在不断发展壮大。但是少数民族地区村寨的乡村受众对媒介的认知程度较低，很多乡村受众对媒介还保持着一种敬畏心理，这种敬畏心理是缺乏必要的媒介认知造成的。我们应广泛开展媒介认知教育，从媒介的基本知识开始对乡民进行教育，帮助乡民不断提升对媒介的认知能力，以正确的心态对待媒介本身和媒介所产生的内容，从而摒弃敬畏心理。

其次，在媒体评价水平上，提高乡村受众对媒介信息进行评价和判断的能力，帮助其掌握媒介基础知识后，引导其对媒介中的不同信息进行识别和理解，提高其识别虚假信息的能力，使乡村受众正确认识大众传播媒介。楠木园村的乡民媒介素养较低，在面对纷繁复杂的媒介信息环境时，他们往往不能准确无误地选择自己所需的信息，甚至迷失在大众传媒负面信息的影响之中。笔者经常听到村民因为信息的错误捕获、错误引导而使经济利益直接

---

① 卜卫. 论媒介教育的意义、内容和方法 [J]. 现代传播，1997（1）：29-33.

受损。这是由于农村受众判断信息的能力差，因此有必要提高农村受众的分辨能力以及快速识别各种信息的意义和价值的能力，从而有效地抵御粗俗、有害的信息。

最后，提高对媒体的有效利用率是农村受众媒介素养教育的最终目标。媒介素养教育是授人以渔而非授人以鱼，媒介素养教育能够让更多受众学会利用媒体获取所需信息、传递信息和维护自身的信息安全。总之，加强对农村受众的媒介素养教育，就是通过利用媒体资源，达到提高村民的媒介素养的目的。

3. 发展媒介素养教育

媒介素养教育是一个长久性、系列性的培养过程，政府需要整合社会可利用资源，挖掘个人教育潜能，调动一切可以调动的因素，进行形式多样的媒介素养教育。

从长远意义考虑，提高乡村受众群体整体的媒介素养的关键是学校教育。如今学校教育的主要对象是青年学生，而青年学生是乡村受众的重要组成部分，也是日后我们社会的中坚力量，对他们进行有效的、具有系统性的媒介素养教育显得十分必要。笔者建议将媒介素养教育纳入学校的通识教育课程，因为学校是进行大众媒介素养教育的渠道之一。我国应在中小学开设有关媒介素养教育的相关课程，并加强实践活动以提高学生的媒介素养水平，如可以组织学生办报纸、成立通讯社、参观电视台、担当小记者等实践活动。

在大众教育方面，媒介素养教育主要针对成年村民群体，因为他们是农村受众的重要组成部分，在社会认知方面有一定程度的建构。地方村委会应发挥自身的重要作用，配合各级政府宣传部门和文化教育部门组织各种形式的乡村受众学习媒介知识的活动，培养受众的质疑习惯和思维能力，引导他们正确利用媒介为自己的生产、生活和卫生服务。

在媒介素养教育中，地方媒体组织应利用自身力量，向农村受众普及媒介素养教育，利用大众传媒的社会影响力，通过"议程设置"，提高农村受众对媒介素养问题的关注度。

4. 培养乡村"意见关键人"

在人际传播过程中，为他人提供信息、意见或建议并对他人施加个人影响的人被称为"意见关键人"。这一群体大多是大众传播媒介的晴雨表，在组织传播中发挥过滤作用，同时是人际传播中的信号源泉，他们并不是由选举产生的，而是在特定时间内提出某些观念为大众媒介所导向，而成为"意见关键人"，然后不停地传播其所持观点议题，使群体中不太活跃的那部分人变得比较活跃。这一境况依然适用于农村受众的媒介素养教育，因为接收信息渠道单一、环境相对闭合，偏远山区村寨的乡民群体对大众传媒的认知度不同。在部分乡民的意识里，电视上的节目都是实时播放的，他们不能区分录播和直播。大多数情况下，这类农村受众会去请教他们所认为的"意见关键人"，从他们那里获得有效信息。根据这种情况，我们应重视在农村受众中发现和培养"意见关键人"，着力提升他们的媒介素养水平，从而积极有效地发挥他们的作用，利用他们的影响力带动一定范围内的受众，逐步提升农村受众的媒介素养。例如，在学校重点培养一部分教师和学生干部成为"意见关键人"，传播必要的媒介常识，还可以通过开展阅读报纸和评论报纸、参观新闻传播机构等活动来提升学生的媒介素养；又如，让更多的进城务工乡民群体，尤其是青年群体成为"意见关键人"，因为他们在城里不断地接受新鲜事物并大量接触到各种媒介，他们的媒体素养在这种环境和氛围中有一定的提高，可以让他们利用返乡的时机充当"意见关键人"，宣传党的方针政策。

"火塘・电视・手机"后续调查报告

2018—2021 年，每逢寒暑假期，笔者都会回母亲老家小住一些日子，长则半个月，短则三四天。2020 年由于疫情，笔者在楠木园村待了很长一段时间，对村民每天的生活和媒介使用状态进行了观察和调查。

一、相关统计数据

（一）人口数据

截至 2021 年，楠木园村最新人口统计数据如下：楠木园村户籍总人口数为 348 人，目前常住人口为 66 人。

（二）手机使用相关调查数据

使用智能手机和老人机的人口统计数据如下：使用智能手机且会用微信的为 22 人，12 人无手机，剩余 32 人使用老人手机；在外人员使用智能手机的人数为 258 人，剩余 24 人使用老人机。

针对手机的使用调查（重点为使用智能手机的人群），楠木园村使用智能手机的总数人为 280 人，问卷和访谈结果如下。

1. 使用时长

楠木园村的村民每日手机使用时长如表 1-2 所示。

表 1-2　楠木园村的村民每日手机使用时长统计表

手机使用时长	0～2h	2～4h	4～6h	6h 以上
人数	156 人	110 人	8 人	6 人

续表

百分比	55.71%	39.29%	2.86%	2.14%

根据每日手机使用时长统计表可以发现，楠木园村的村民使用手机的时长基本处于 4 个小时以下，平时基本处于农忙状态，上山农作、采摘或是饲养家畜，只有在夜晚闲暇之时使用手机的频率较高。"一般八九点就上床睡去了，十点之前肯定是睡了"（村民 T：女，56 岁，群众），"不看电视就睡得很早，七八点可能就上床睡着了，有时候玩手机，刷一下视频可能十一二点才睡"（村民 J：男，38 岁，群众），"我们一般电视一直开着，电视剧放到什么时候，我们大概就那时候睡了。差不多也就十点左右。电视开着，多数时候都在看手机，可能电视都只是看了一哈。现在都是看手机的多，电视可能摆到那里放到起，没什么人看哒"（村民 Y：女，62 岁，群众）。在楠木园村中，各家休憩甚早，基本夜晚十点左右都已入睡，因而手机使用时段基本为下午 6 点至晚上 10 点。

2. 使用目的

楠木园村的村民手机使用目的如表 1-3 所示。

表 1-3　楠木园村的村民手机使用目的统计表

使用目的	通信	娱乐	其他
人数	189 人	88 人	3 人
百分比	67.50%	31.43%	1.07%

根据手机使用目的统计表可以看出，手机作为通信工具的主要功能还是能够凸显出来的，由于智能手机的功能较多，人们在使用时基本可根据需求

找到相对应的软件。但是由于信息鸿沟仍然存在于农村，人们更加关心的是
农作物生长的信息、天气情况以及本县市的一些新闻，而对于了解外部世界
信息的需求不是很旺盛。"主要是跟孙子女儿他们联系视频啊，他们都去浙
江打工了，只有手机视频能看看他们"（村民 H：男，63 岁，群众），"大
女儿在镇上，爷爷他们带着上学，基本上每天晚上都会发个视频来跟我们讲
哈话，有时候说想弟弟，看一下弟弟"（村民 Q：女，33 岁，群众）。[①]常住
人口中，使用智能手机并会用微信的人只有 22 个，而他们使用微信基本是为
了跟远在外面的家人交流沟通。以前的手机只能打电话，而现如今使用微信
之后，人们视频通话的需求得到了满足，在外人员可以看到家中的情况，也
是一种情感需求的满足。

3. 手机服务功能使用频率

近年来，多数年轻人开始使用视频软件，并且他们会给长辈下载此类软
件，人们在闲暇时刷视频也成了一个趋势。楠木园村的村民手机服务功能使
用频率如表 1-4 所示。

表 1-4　楠木园村的村民手机服务功能使用频率统计表

服务功能	很少使用	经常使用	偶尔使用
支付	18%	38%	44%
沟通	5%	65%	30%
娱乐	8%	55%	37%
学习	54%	23%	23%
购物	67%	15%	18%
手电筒／闹钟	8%	62%	30%

在手机服务功能的使用频率统计中，沟通功能和娱乐功能的使用占比较大，手机的原始功能手电筒和闹钟的实用性强，被使用的概率较高。因为楠木园村的路灯较少，所以照明还是靠手电筒解决，手机方便携带又有手电筒的功能因而被使用的频率较高，具有特殊性。2019年村中发起过路灯的众筹，但是由于村中人口分散居住，目前只有少数路灯在使用。购物功能很少被使用的原因是村寨所处位置较为偏僻，与乡镇之间的距离远，快递拿取不是很方便，只有少数青年会使用。而中老年群体在使用支付功能时，可能会遇到一些问题。或是在实名认证和绑定银行卡时遇到麻烦，无法自己完成，只能求助于村中的年轻人；或是使用手机时，误操作将软件删除后没办法复原，也只能求助于他人。"手机方便还是很方便，但是有些时候不太会用。每次家里微信群里面的信息，我都能看到，但是找不到怎么回复，但是他们发的信息我看到了"（村民 L：男，65 岁，退休干部），"有时候孙子孙女要红包，从微信上发过去。特别是过年的时候，在群里面抢红包，都是儿媳妇操作的，不是很会"（村民 Y：女，63 岁，群众）。目前村寨村民的手机使用频率较高，手机服务功能使用频率较高，但是对手机功能的掌握程度有待提高。

4. 疫情防控期间村民手机服务功能使用频率

疫情防控期间村民手机服务功能使用频率如表 1-5 所示。

表 1-5　疫情防控期间村民手机服务功能使用频率统计表

服务功能	很少使用	经常使用	偶尔使用
支付	10%	41%	49%
沟通	2%	28%	70%
娱乐	4%	34%	62%

续表

服务功能	很少使用	经常使用	偶尔使用
学习	20%	13%	67%
购物	80%	12%	8%
手电筒／闹钟	6%	26%	68%

相比起平时的手机服务功能使用频率，疫情防控期间学生在家上网课的时间较长，使用频率明显提高。"娃儿要上课，几乎每天都把手机拿起的。他们老师天天布置的作业也要用手机完成，所以疫情防控期间他们几乎每天都把手机拿在手里的"（村民 Z：女，34 岁，群众），"老师要求每天在手机上写作业，上课的时候要实时监督，这样上课孩子还是不能集中注意力，经常走神"（村民 L：男，36 岁，群众）。疫情防控期间手机使用频率提高之后，引发了许多问题。青少年对手机的依赖度变高了，而部分青少年的自制力较差，他们通常在使用某些软件时处于沉迷状态。笔者观察到多个小学生都有使用某视频软件并注册了账号，他们会要求其他人帮忙拍照片，并把照片传到视频软件上。目前手机使用呈低龄化趋势，在不能自制的情况下，青少年容易沉迷其中。由于疫情防控期间无法劳作，部分成年人将大量时间花费在浏览视频或是打游戏上。通过疫情防控期间村民手机服务功能使用频率统计表可以看出，沟通、娱乐、学习功能的使用频率最高，与之前相比，学习功能的使用频率大幅提高。

二、发现的一些问题

（一）电视和手机的功能问题以及其他媒介的使用问题

在楠木园村中，村民的手机使用时间明显超过电视观看时长，电视几乎从原来的大量信息获取渠道变成伴随媒介，而电视处于开启状态，观看者拿着手机观看小视频等情况尤为突出。电视作为伴随媒介的功能十分明显，但是在没有电视的家庭中，还有听广播和看报纸等媒介活动存在。在疫情防控期间，火塘几乎失去信息聚集作用，因为不许串门，避免交叉感染，所有人都待在家中，交流沟通都是通过手机，其他信息则是从村中广播得知。

（二）手机使用群体扩大化带来的问题

2020 年由于疫情，多数孩子在家需要上网课，使得智能手机在青少年中普及，他们多借用父母的手机上课，教师布置的作业多数也需要用手机上传完成，所以青少年使用手机的时长普遍增加。中老年群体无法劳作，只能在家中休闲度日，手机也成为他们的必然选择。而在使用手机的过程中，他们通常会遇到很多问题。

（三）手机使用方面的问题

"手机用着用着就变慢了，也不知道怎么回事"（村民 L：男，65 岁，退休干部），"有些广告自动跳出来了，关都关不掉"（村民 R：女，42 岁，群众），"软件不知道怎么就没有了，找了半天也找不到"（村民 Y：女，63 岁，群众），"家里网络有时候不好，不知道网是不是断了，不怎么会修"（村民 M：男，55 岁，小组组长）。笔者在访谈过程中，对中老年群体在使用手机时遇到的问题进行了总结，具体如下：手机卡顿、误操作、实名认证、黑屏重启等。问题分为软件和硬件两大类，在使用手机的过程中，中老年的遗忘性较高，需要反复练习才能记住手机的操作流程，通常他们需要求助于青年群体解决使用手机时遇到的一系列问题。

三、一些思考

在对少数民族特色村寨进行建设的过程中，结合当前少数民族村落发展的重要方向，对乡村振兴的大背景进行了解，既可以整合现代的特色村寨建设资源，也可以在全新发展理念的指引之下，更好地理顺经济发展与文化创新之间的联系[①]。构建农村文化建设体系，坚持党和政府的领导，以农村居民为主，传承并创新发展农村特色文化[②]。2018 年，中共中央、国务院印发《乡村振兴战略规划（2018—2022 年）》，指出乡村是具有自然、社会、经济特征的地域综合体，兼具生产、生活、生态、文化等多重功能，与城镇互促互进、共生共存，共同构成人类活动的主要空间。重新关注民俗艺术、传统技艺等传统文明遗存，让生态的乡土文化传下去，让有形的乡村文化留得住，让文化产业常兴旺，让村民生活常富足[③]。要利用公共文化服务的有效建设，提高农民群众对文化的热情，并借助相关措施，对农村群众的文化素养以及文化自觉性加强培养[④]。

截至 2020 年 12 月，我国网民规模为 9.89 亿，互联网普及率达 70.4%，较 2020 年 3 月提升 5.9 个百分点。其中，农村网民规模为 3.09 亿，较 2020 年 3 月增长 5471 万；农村地区互联网普及率为 55.9%，较 2020 年 3 月提升 9.7

① 唐玲，陈利伟. 乡村振兴背景下少数民族特色村寨保护与发展路径研究 [J]. 营销界，2021（18）：115-116.
② 刘卫卫. 乡村振兴实施中农村文化建设问题分析 [J]. 农家参谋，2019（3）：17.
③ 赵廷阳，张颖，李怡欣. 乡村振兴背景下的乡风文明建设：基于全国村级"乡风文明建设"典型案例分析 [J]. 西北农林科技大学学报（社会科学版），2021，21（3）：46-53.
④ 孟小平. 乡村振兴战略下农村公共文化服务建设分析 [J]. 文化产业，2021（13）：88-89.

个百分点。近年来，网络扶贫行动向纵深发展取得实质性进展，并带动边远贫困地区非网民加速转化。在网络覆盖方面，贫困地区通信"最后一公里"被打通，截至 2020 年 11 月，贫困村通光纤比例达 98%。在农村电商方面，电子商务进农村实现对 832 个贫困县全覆盖，支持贫困地区发展"互联网＋"新业态新模式，增强贫困地区的造血功能。在网络扶智方面，学校联网加快、在线教育加速推广，全国中小学（含教学点）互联网接入率达 99.7%，持续激发贫困群众自我发展的内生动力。在信息服务方面，远程医疗实现国家级贫困县县级医院全覆盖，全国行政村基础金融服务覆盖率达 99.2%，网络扶贫信息服务体系基本建立。政府着力发展农村经济建设，更需要加强对村民的媒介素养观念的培养，让村民学会更好地利用手机。

第二章

一期一会：宣恩
灯会跟踪调查

宣恩夜景如图 2-1 所示。

图 2-1　宣恩夜景

　　笔者之所以关注宣恩灯会，是因为小时候痴迷于牛鬼蛇神之关联物，热衷于寻求神话传说中的鬼魅之物，但是内心又深有恐惧之感，后来发现书本上说世上没有鬼神，于是乎胆大的笔者开始了各种探寻活动。儿时最美好的回忆是宣恩每年的正月十五,那时会有各种灯会活动,特别是在游街的过程中，每每看到那些动物或是神似怪物的灯，它们都会映入脑海、进入梦乡，因此笔者小时候的梦中经常会出现元宵节的灯。"每年单位都会接龙灯，那时候都会提前做好准备"（访谈人 1：女，36 岁，事业单位工作人员，宣恩人），"一九八几年到九几年的时候都有一些灯，我们小时候在乡里还玩过"（访谈人 2：女，52 岁，事业单位工作人员，宣恩人，在外工作多年），"城里玩灯从九几年就开始了，我们那时候都还小"（访谈人 3：男，50 岁，公务员，宣恩人）。宣恩灯会由来已久，是乡间年节的盛大庆典。政府部门倡导组织之后，城乡结合的模式让宣恩灯会产生了影响力，开始成为恩施州内的民俗文化活动的典范，也是宣恩人民业余文化生活的精神文明体现。

一、宣恩概况

宣恩，于清朝设县治。雍正十三年农历十一月壬寅日（1735年12月10日），兵部和吏部据湖广总督迈柱疏呈合议，后获乾隆恩准，定名宣恩，寓意"宣示浩荡皇恩"。以施南、东乡、忠建、高罗、忠峒、木册六土司地外加石虎里地域益之，第一任知县陈宗于乾隆元年勘边界定疆域，以施南土司故基置县署。宣恩地处湖北省西南边陲，北纬30°黄金分割线穿境而过，境内自然资源丰富、山水风光秀丽、民族风情浓郁。宣恩是山区农业县，"八山一水一分田"是对宣恩地貌的形象写照，800米以上的山地占70%以上。

宣恩是民族文化艺术之乡。"宣恩薅草锣鼓""宣恩三棒鼓"入选国家级非物质文化遗产保护名录，彭家寨、庆阳凉亭古街被命名为"中国历史文化名村"，小茅坡营村有湖北省唯一保留完整的苗语苗俗文化。宣恩是特色村寨集中地。彭家寨吊脚楼群被中国古建筑专家张良皋先生盛赞为湖北省吊脚楼群的"头号种子选手"。"茶马古道"庆阳凉亭古街，"人间秘境、水墨侗乡"野椒园古侗寨，美丽苗乡谭家坝、"千户土家"水田坝、茶旅融合伍家台，村村寨寨是景点。宣恩享有中国贡品之乡、中国白柚之乡等美誉；天然气储量近千亿立方米；水能资源理论蕴藏量达60万千瓦，其中可开发量45万千瓦；森林覆盖率57.3%，林木绿化率72.4%，负氧离子浓度经监测最高值可达24000个／立方厘米，平均空气质量优良天数达340天以上，是天然的大氧吧和避暑胜地。截至2014年，宣恩全县辖3镇6乡，总人口34.6万人，城镇人口5.4万人，城市化水平为 15.59%[1]。全县共有 14 个民族，汉族人口占 34.4%，13 个少数民族占 65.6%。其中，土家族占 41.2%、苗族占 11.5%、侗族占 12.9%，还有彝族、回族、白族、满族、壮族、蒙古族、畲族、傣族、朝鲜族、维吾尔族。

按照国家标准《旅游资源分类、调查与评价》（GB/T 18972—2017）中旅游资源的分类分级系统，在旅游资源类型的 8 大主类 31 个亚类和 155 个基本类型中，宣恩县旅游资源 8 大主类齐全，有 22 个亚类，占 71%，有 58 个基本类型，占 37%。

地文景观类：山丘型旅游地包括七姊妹山国家级自然保护区、中武当遗址、宝塔山森林公园；谷地形旅游地包括萨玛长潭旅游区、满天星；沙砾石地弄旅游地包括太极图；独峰包括福寿山、观音山；峰丛包括七姊妹山、五子岩；石（土）林包括岩人石林；奇特与象形山石包括挖断山、三仙岩、青龙摆尾、猛虎下山、将军岩、菩萨岩、仙人赶牛、观音山、人字岩、月亮岩、螺丝山、轿子岩、鸡冠山、石马；岩壁与岩缝包括茅坝塘村天然崖壁；峡谷段落包括黑龙河峡谷、鸳鸯峡、凉风洞、贡水峡谷、七姊妹山峡谷、酉水上游峡谷；沟壑地包括白岩沟、象鼻沟、香沟；岩石洞与岩穴包括锣圈岩天坑（见图 2-2）、白玉洞、勾爬洞、仙人羽、神仙洞、落水洞、锣圈岩洞、青龙洞、狮子关溶洞、硝洞、姑娘洞群、红军洞、骡马洞。

水城风光类：观光游憩河段包括溜溜河、白水河、贡水、酉水、潭龙河；观光游憩湖区包括双龙湖景区、九间店陪嫁湖、仙女池；沼泽与湿地包括湖北宣恩贡水河国家湿地公园、泥炭藓沼泽湿地；悬瀑包括飞水岩瀑布、七姊妹山大峡谷瀑布群；冷泉包括肖家坪矿泉资源；地热与温泉包括响龙村温泉；常年积雪地包括椿木营乡木营村。

---

① 王程，薛达元. 湖北省宣恩县生态区划与旅游发展规划 [J]. 江苏农业科学，2014，42（5）：284-287.

生物景观类：林地包括宝塔山森林公园、雪落寨林场、众山林场；丛树包括七姊妹山万公顷珙桐群落、麻柳村古树群、反子山古枫群、千年油麻藤；独树包括枫香、青冈栎、丝栗烤、木荷古树、"九子抱母"古银杏（见图2-3、图2-4）、白果坪千年古板栗树、干溪双龙抱柱蓝果树；草地包括洗草坝；水生动物栖息地包括光荣桥村大鲵养殖基地、白水河大鲵省级自然保护区；陆地动物栖息地包括长潭河猕猴群自然保护区、狮子关（见图2-5）猕猴群自然保护区。

天象与气候景观类：云雾多发区包括云朝山、万岭村、自生桥；避暑气候地包括椿木营乡；物候景观包括长槽村原神州台电站冰挂。

遗址遗迹类：历史事件发生地包括恩宣鹤边防司令部革命旧址、安家坡临时指挥所、中共湘鄂西中央分局会议旧址、观音坪区苏维埃旧址、施铁坪区苏维埃政府旧址、八仙台县苏维埃政府旧址、红军洞；军事遗址与古战场包括土城遗址、

图2-2　锣圈岩天坑

图2-3　"九子抱母"古银杏之一

图2-4　"九子抱母"古银杏之二

图2-5　狮子关

长潭河战场遗址、板栗园伏击战战场遗址、石堡寨战场遗址、堰塘坪战场遗址、韩家坪战斗遗址、李家河碉堡；废弃寺庙包括中武当、禹王宫、椿木营山王庙、高罗镇观音堂；交通遗迹包括百步梯古道、盐花古道、姚家湾风雨桥、川箭河大桥；废城与聚落遗迹包括施南宣抚司遗址、高罗土司衙署遗址、忠建土司衙署遗址、猫儿堡土司墓群、晓关饶氏祖墓、术册长官司衙署遗址。（图2-6）

图 2-6　庆阳坝古街

　　建筑与设施类：康体游乐休闲度假地包括仙佬儿农庄、中台旅游度假村、世界硒都养生谷、椿木营旅游度假区；建设工程与生产地包括木笼寨景区、咸池沟村观光农业园、鑫海产业园、律吕坝村惠农有机茶合作社、玛瑙村专业合作社、乐平村白柚产业园、林业村药材基地、金龙坪村、白虎山茶叶基地、椒园工业旅游区、箭竹坪手工榨油坊、恩航富硒生态农业公司金陵寨基地、漫牯流村千丘田；楼阁包括倒洞鼓楼、苗族钟楼；广场包括河滨广场；建筑小品包括音乐跑泉；传统与乡土建筑包括彭家寨、反子山古枫寨、水田坝村千户土家、大茅坡营侗寨、小茅坡营苗寨、清水塘村、诺西村、麻阳寨村、张家院子、杨家院子、张官铺侗寨（陈家院子）、钟岭古寨、黄家寨、火烧营村、谭家坝；特色街巷包括高罗镇苗街、珠山镇民族风情街、庆阳凉亭街、沙道沟镇两河口老街、板寮老街；名人故居与历史纪念建筑包括板栗园大捷纪念碑、张难先先生隐居旧址；陵区陵园包括宣恩县烈士陵园；桥包括姚家湾风雨桥、红军桥、石心河大桥、文澜桥、莲花坝亲水走廊、胜利渡桥、庆阳凉亭桥；水库观光游憩区段包括桐子营水库、洞坪水库；运河与渠道包括长塆大堰。（图2-7）

图2-7　忠堡纪念碑

旅游商品类：菜品饮食包括熏腊肉、醪糟、榨广椒、糍粑、社饭、油茶汤、苞谷酒、张官合渣、手工豆皮、炕洋芋、米豆腐、宣恩椒香酥肉、宣恩扣肉、宣恩粉蒸肉、苞谷粑粑、蕨粑粑炒腊肉、油香儿、凉拌折耳根、苞谷饭、腊猪蹄、宣恩烤活鱼、榨广椒炒腊肉、土家香肠；农林畜产品与制品包括宣恩蜜桔、贡水白柚、黄金梨（见图2-8）、宣恩贡米、大派火腿、伍家台贡茶、阳雀菌、猕猴桃、空心李、油茶、银针米、红米花生、紫薯、楠竹笋、清水塘豆筋、石榴、茯苓茶；水产品与制品包括大鲵、清水鱼；中草药材及制品包括白术、天麻、党参、黄连、续断、厚朴、穿山龙、香独活等；传统手工产品与工艺品包括西兰卡普、绣花鞋垫、扎灯笼、陶艺、蓝釉、宣恩菊花石。

图2-8 黄金梨

人文活动类：人物包括清代名医李官绪、汪家寨"状元"汪志元、高腔山歌传承人何松庭、薅草锣鼓传承人李忠和、陪十姊妹传承人李美珍；地方风俗与民间礼仪包括拦门礼、拦社、跳丧、陪十姊妹、百家宴等；民间节庆包括女儿会、月半节、牛王节、摆手节、社日、六月六、路烛节；民间演艺包括宣恩耍耍、摆手舞、土家草把龙、八宝铜铃舞、薅草锣鼓、滚龙连厢、茅古斯、侗族大歌、高腔山歌、绕棺舞、渔鼓、丧鼓、三棒鼓、南剧、琵琶歌、芦笙舞等；特色服饰包括土家民族服饰、苗族特色服饰、侗族特色服饰；旅游节包括高山露营节、黄坪梨花节、黄坪黄金梨采摘节、贡水白柚采摘节；文化节包括中国内陆河水上运动会暨武陵山区龙舟争霸赛、稻草人文化艺术节、中秋恳亲会；商贸农事节包括庙会、国际茶叶大会；体育节包括风筝节、全国汽车场地越野赛、环贡水河健身徒步和长跑比赛、山地自行车邀请赛[1]。

---

[1] 以上资料源于宣恩县档案资源分类。

丰富的自然资源和历史文化资源是宣恩发展的宝贵财富，围绕绿水青山的绿色发展方向在宣恩的发展规划中呈现出优良态势。关于宣恩的研究文献在 CNKI 数据库中检索到文献总篇数为 1863 篇，其中期刊 726 篇。对宣恩的地理区位研究明显偏多，综合性主题较多，只有少部分主题关系到民俗文化方面。

在检索到的文献中，农业、经济、地理占了绝大部分的比例，而文化和旅游只占了 5% 的比例。研究者对宣恩的历史文化方面的关注度不是很高，文化方面只有 10 篇文献，没有将太多关注给予民俗文化。

二、灯会历史

玩灯在宣恩乡间是元宵节庆的必备活动。"小时候村寨里面都玩灯，寨里小孩子大多会跟着去。基本上都是群众自发性质的，从九几年开始就有了的。后来文化部门开始倡导保护，每年单位都会组织接灯等一些活动"（访谈人 3：男，50 岁，公务员，宣恩人），"现在每年都有灯会，每年灯会还要交通管制，都是人山人海的"（访谈人 1：女，36 岁，事业单位工作人员，宣恩人）。宣恩元宵灯会历史久远可深考，民俗风情丰富多彩，具有可查可观性。民俗的稳定性和变异性是共存的，民俗一旦产生，就会伴随着人们的生产及生活方式长期相对地固定下来，成为人们日常生活的一部分[①]。宣恩元宵街景如图 2-9 所示。元宵节逛宣恩灯会已然成为宣恩人参与度最高的民俗活动，并开始辐射周边县市，面向整个恩施州区域。经年持续地发展下去，宣恩必将成为观光旅游的重点区域。

[①] 钟敬文. 民俗学概论 [M]. 北京：高等教育出版社，2012.

图 2-9 宣恩元宵街景

2017 年灯会灯展有鱼王彩灯、光雕茶壶、蝴蝶谷、金鸡报晓、凤凰于飞、飞龙在天等。2017 年 2 月 11 日（农历正月十五）晚 7 点，宣恩各乡镇、社区、企事业单位及社会团体的 21 支龙灯、狮子灯、彩船灯、鸡灯队伍齐聚县城各展风采，独具宣恩特色的非遗节目猴儿鼓、八宝铜铃、滚龙连厢集中展演，并在县城主道（人民广场—风雨桥—大桥—人民广场）参加灯演巡游活动。

2018 年灯会灯组有盛世龙舟、荷塘月色、福禄仙寿、伍家台贡茶、滚龙连厢、红灯笼、月上柳梢和十二生肖系列生肖狗灯组、流光瀑布。8 个大型水上灯组与河两岸的灯带"点亮"了贡水河，伍家台贡茶、土家吊脚楼、滚龙连厢等大型彩灯组极具宣恩特色，十二生肖灯组模样俏皮，灯带拱桥浪漫唯美，立体灯组造型独特。2018 年人民广场上的民俗表演，展演队伍达到了50 支，而且花灯种类繁多，节目表演异彩纷呈。"二龙戏珠"灯组如图 2-10所示，2018 年宣恩街景如图 2-11 所示。

2019 年宣恩的新春灯展共有大型彩灯组 15 组：水上灯组 7 组，包括梦幻水母、仙山贡水浪漫宣恩、和美宣恩、比翼双飞、凤求凰、多彩宣恩、仙山贡水浪漫宣恩水底字幕；陆上灯组 8 组，包括浪漫樱花、五福临门、光影秋千、趣味跷跷板、三色树、幸福乡村系列、鼓舞宣恩、萌猪贺岁。"鼓舞宣恩"的大鼓灯组（见图 2-12），长 25 米、宽 15 米、高 15 米，大红色的基调显得格外喜庆。因 2016 年在贡水河中发现有天然桃花水母的存在，2019 年花灯中水母灯（见图 2-13）成为具有浓郁特色的花灯。

2021 年灯展，共计 18 个大小灯组：步步生莲，位于石板桥与翻板坝之间的灯组，以莲花

图 2-10　"二龙戏珠"灯组

图 2-11　2018 年宣恩街景

图 2-12　大鼓灯组

图 2-13　水母灯

为设计元素；伍家台贡茶，上下五千年，茶文化作为文明的象征，已根植于
中国传统文化，设计师将茶壶作为原创设计；仙山贡水，星光为我们展现灿烂，
天空为我们奉献蔚蓝，森林为我们点缀绿色；金牛送福，以牛年吉祥物为主，

农耕文化为辅助；鱼跃龙门，红色大鲤鱼跃然而起，在贡水河上十分喜庆；两只小黄鸭，吸引了不少年轻受众的关注；感应灯组是最受关注的了，翅膀飞舞和鲸鱼喷水（见图 2-14）两个灯组吸引了众多观者，翅膀飞舞灯组可以根据人的特定动作进行灯光变化，而鲸鱼喷水灯组是根据体验者的声音大小进行喷水高度的反应。惹溪街十二生肖灯组根据不同生肖进行了一一陈列。而元宵节当天的主舞台设置在了贡水河中，用莲花灯作顶，形成了一个水上开花形式的舞台（见图 2-15）。

2017—2021 年宣恩灯会具体内容如表 2-1 所示。

表 2-1　2017—2021 年宣恩灯会具体内容

年份	时间	天数	地点	主题活动	项目	意义
2017 年	1 月 26 日至 4 月 29 日	92	贡水河道、人民广场	贡水情怀浪漫宣恩	灯会展演、猜灯谜、非遗表演	首届灯展
2018 年	1 月 17 日至 4 月 10 日	82	贡水河道、人民广场、部分县城主干道、部分社区乡镇	仙山贡水浪漫宣恩	灯会展演、乡村灯会联欢、文艺汇演	城乡联动
2019 年	1 月 28 日至 4 月 14 日	75	贡水河道、人民广场、风雨桥	仙山贡水浪漫宣恩	文艺展演、灯班巡游、猜灯谜	开通了直播渠道
2020 年	因疫情停办					
2021 年	2 月 1 日至 4 月 15 日	72	贡水河道	仙山贡水浪漫宣恩	非遗展演	答谢天津医护人员专场

每年灯会都有具有当年特色的生肖灯营造过年的氛围，2017 年为鸡、2018 年为狗、2019 年为猪、2021 年为金牛（见图 2-16）。其余灯组都各具特色：有宣恩伍家台贡茶、滚龙连厢、桃花水母等具有宣恩当地特色的灯组；也有象征节日喜庆氛围的红灯笼和红鲤鱼等；更有具有时代气息的幸福农村、

图 2-14　鲸鱼喷水

图 2-15　莲花舞台

图 2-16　金牛

青山绿水等灯组呼应党的政策方针倡导。"每次执勤的工作人员都很多，我们感觉很安全。毕竟河边上没有护栏，人多容易出现事故"（访谈人 1：女，36 岁，事业单位工作人员，宣恩人），"每年大家观灯都是井然有序，没出现过安全事故，都是当地政府协调管理工作到位。这两年还专门开始招募志愿者，很多人都很踊跃成为志愿者来维护秩序"（访谈人 2：女，52 岁，事业单位工作人员，宣恩人，在外工作多年）。灯会为免费性质，全区域内未设置任何收费项目，全城区域无阻碍畅通游览。每年政府都会提前公布灯会章程和城区交通管制区域和办法，让逛灯会的人们有更加舒适的旅游体验感。

三、民俗与旅游

民俗文化作为城市文化的重要组成部分，是文化沉淀的载体和城市物质创造的基础。宣恩县政府高效利用宣恩县城的城市空间，合理布局景观装饰，将县城打造成了旅游示范区域和4A旅游景区。以贡水河为轴线，有全国内陆河最长音乐跑泉、贡水河七彩瀑布、观景平台，贡水河沿岸的墨达楼、钟楼、惹溪街逐步亮化，对县内外游客免费开放。"宣恩河边的景色很有特点，政府也花了大力气来打造，整个感觉都有点像湘西凤凰古城了。"（访谈人6：男，28岁，自由职业者，恩施人）以当地历史文化为基础，丰富民众创造、传承和整合的生活文化，展示具有浓郁地方特色的城市文化个性和精神风尚。保护、传承、发展城市民俗文化有助于提高城市居民的认同感，提升城市文明程度以及凸显城市文化形象。（图2-17、2-18、2-19）

图2-17　大坪上

图 2-18　野椒园拣瓦工

图 2-19　野椒园

（一）旅游生态

宣恩自然资源丰富，旅游生态持续向好。将生态文化与生态旅游融合发展，是生态文明时期经济高质量发展的必然选择。生态文明建设是我国政府针对我国经济现状以及社会现状制定的科学发展战略。生态文化和生态旅游融合发展，不仅能够促进整个社会朝着高质量的方向进发，影响着生态文化的保护、传播以及创新，同时也是有利于人民生态福祉的关键举措，体现了生态教育的意义。乡村生态旅游得以持续发展的生存基石为其原生的土地自然资源，在旅游资源开发的过程中，在保护生态环境的前提下，最大限度地协调当地旅游经济效益和生态效益共同发展。传统的民族文化是宣恩县生态旅游发展的灵魂，为提升游客的旅游体验感，促进当地的生态旅游可持续发展，应深入挖掘土苗侗民族的传统民族文化，发挥出有别于其他民族地区的民族魅力。一方面，将独特的民族文化与宣恩当地特有的自然风光相结合，开发更具特色的生态旅游特色项目；另一方面，将当地独特的民族文化、风俗与商业体验相结合，使游客拥有更多特色体验，对当地民族文化产生融入感，使民族文化成为提高当地生态旅游可持续发展能力的有效手段。注重文化资源的协调性以及合理性，科学地引用文化元素并将其投入旅游产品研发，将其独特的文化内涵挖掘出来。提倡生态旅行、绿色旅行，提高游客的生态旅游意识。以长远的眼光规划旅游经营活动，力求达到经济发展与生态环境建设的双赢效果，促进宣恩县旅游经济的可持续发展。宣恩县政府在贯彻落实"绿水青山就是金山银山"发展理念的实践中发现，良好的生态环境就是潜在的资源与财富。宣恩县拥有大量生态资源和景观资源，这些资源兼具经济、生态和美学三重价值。在生态旅游大背景下，进一步利用开发旅游资源，盘活区域内的自然生态资源，让县城生态旅游文化与自然景观并重和谐发展。文化与生态协同发展模式，是指在特殊地域条件下，根据所在区域的文化与生态资源、文化与生态要素、文化与生态经济等，所形成的文化与生态协同发展、互惠互利、高效综合的发展路径及范式，具有综合性、互惠性、高效性、差异性、动态性等特点[1]。宣恩成功申请国家级传统村落 15 个；国家级历史文化名村 2 个；省级美丽宜居乡村 1 个[2]。围绕县级的贡水河区域，现已经成为湖北宣恩贡水河国家湿地公园。宣恩县在发展全域旅游的过程中，围绕吃、住、行、游、购、娱六要素，整合资源，科学规划，合理布局，在大力发展旅游景点的基础上，注重发展交通、餐饮、住宿、商业、休闲、养生、体验、娱乐等相关产业，强长板、补短板，以此拉动全县旅游设施全域化布局，完善旅游内部体系。以"全域旅游"为路径，深度融合一、二、三产业资源，推动旅游及关联产业融合发展，逐步形成宣恩县旅游业与相关服务行业互动发展的共有、共建、共享的生动局面[3]。

---

[1] 徐美，刘春腊. 区域文化与生态协同发展模式研究：以湘西州为例 [J]. 中南林业科技大学学报（社会科学版），2021，15（1）：93-101.
[2] 截至 2019 年统计数据。
[3] 朱融画. 全域旅游视角下宣恩县旅游创新发展路径探究 [J]. 科技创业月刊，2020，33（1）：50-52.

（二）旅游经济

目前我国大力发展夜经济，在推动宣恩旅游经济发展的进程中，去宣恩看贡水河畔的夜景成为流行趋势。宣恩贡水河沿河经济带区域规划逐渐展现出夜经济的良好发展态势。夜经济涵盖食、住、行等多个方面，能够带来翻倍的经济效益。2019 年冬日里"仙山烤活鱼·贡水推豆腐"的宣恩美食推介，2020 年 8 月 18 日宣恩烤活鱼协会正式成立，并有 18 家会员店。"元宵节那几天生意火爆得很，我每天都可以卖几百份洋芋，两个人都搞不赢"（访谈人 4：女，48 岁，风情街小吃摊摊主，宣恩人），"民宿天天都是爆满的，因为我们家民宿就在河边，有能看到夜景的区域位置优势，很多人都愿意直接订我们这儿"（访谈人 5：男，44 岁，民宿业主，宣恩人）。2019 年元宵节系列文化活动从正月初九开始至正月十五结束，共吸引州内外游客 30 万人次前来赏灯，元宵节当天宣恩共接待了游客 48000 余人次。仙山贡水旅游区以多彩灵动的贡水河为轴线，团聚两端，以游步道串联编织，主题鲜明，整合了宣恩古八景中的洞伏双龙、珠山晓翠、贡水文澜和吕寺晚钟四大景观。城内有 800 米民族风情街、全国最长的内陆河音乐跑泉、侗族特色建筑风雨桥（见图 2-20）、

图 2-20　风雨桥

苗族特色建筑钟楼、贡水河国家湿地公园及步行栈道、赏景休闲栈道亲水走廊、双龙湖等景观，并且全面竣工的墨达楼成为宣恩又一处展现人文、历史、民族风情的地标景点。宣恩依托音乐跑泉、民族文化浮雕墙、民族风情街、民族文化长廊、文澜桥、钟楼、烈士陵园广场等核心支撑项目，将厚重的历史文化、多彩的民族文化和别样的红色文化进行融合。宣恩每年举办水上运动会、稻草人艺术节、元宵节灯展艺术节等大型娱乐节庆活动，文化、体育与旅游资源高度结合、深度融合，呈现资源组合良好、景观交相辉映、主题活动丰富等特点[1]。

（三）旅游文化

中华传统节日是我国传统文化的重要组成部分，丰富的节日风俗习惯与内涵对于传承传统文化、坚定文化自信具有重要意义。宣恩灯会作为一种地方性的节日习俗，逐渐开始对周边产生巨大的影响，关于灯会的民间传说、民间信仰与仪式内容有较为完整的文化资源系统，与民众的节庆文化生活息息相关，承载了几代人的美好愿望。仪式展演作为节庆风俗的表达方式之一，其所包含的丰富内容可以传达出民众的创造力与想象力，发挥着强大的社会文化功能。在传统文化的传承和发展过程中，仪式承载了多种重要意义。灯会作为宣恩元宵节的娱乐方式，在民俗文化仪式中保留着对传统民俗的热爱。德国著名学者扬·阿斯曼（Jan Assmann）指出，仪式和节日是作为文化记忆的首要组织形式，节日和仪式定期重复，保证了巩固认同的知识的传达和传承，并由此保证了文化意义上的认同的再生产[2]。加强完善宣恩灯会的系统性保

① 廖平川，周庆. 宣恩：以文化为魂 唱响民族风情旅游之歌 [J]. 民族大家庭，2019（6）：34-36.
② 阿斯曼. 文化记忆：早期高级文化中的文字、回忆和政治身份 [M]. 北京：北京大学出版社，2015.

护势在必行，灯会有章有序地发展和传承，让更多人参与其中了解当地特色文化是十分有必要的。

  宣恩县在推动县城旅游经济发展的同时，应注重民族文化的传承与发展。宣恩县的少数民族人口占比达到 60% 以上，是多民族聚居的区域。"希望宣恩的旅游经济持续发展，有利于民生发展。我们县原来还是国家级贫困县啊，现在这样的生态宜居，天天像是在旅游景区的，很美好啊，幸福感很强的"（访谈人 5：男，44 岁，民宿业主，宣恩人），"每次都会专门带外地的朋友过来看看灯会，很有地方特色，希望一直办下去，让更多人来宣恩看看"（访谈人 6：男，28 岁，自由职业者，恩施人）。文化作为城市的积淀，是吸引观光旅游的重要内容。恩施州逐渐形成了元宵节去宣恩看灯会的趋势。

第三章

土家族盛会：女儿会

品牌化祛魅

恩施古称之施州，巴蛮楚地，近西南边陲的门户。元明两朝时期，土司管辖别有洞天之境。直至清代，改土归流，设一府六县。1949年11月恩施县城迎来解放，设立恩施行政区。1983年8月19日，国务院批准成立鄂西土家族苗族自治州，成为中华人民共和国历史上最年轻的自治州。1993年鄂西土家族苗族自治州正式更名为恩施土家族苗族自治州，共辖8个县市。

恩施土家女儿会（简称女儿会）是恩施土家族特有的风俗习惯，也是土家人的传统节日，在女儿会这天许多青年男女赴会，互诉衷肠。女儿会发源地石窑是一个具有特殊地理位置的区域，此地属恩施市辖区内，临近宣恩、建始、鹤峰三县边界，地处高山地区，有"一脚踏三省，鸡叫鸣四县"之说。石窑是石灰窑的简称，又名十个棚。石灰窑地名的形成与移民在农业生产过程中大量使用石灰有关，十个棚也源于棚民。石窑距恩施市100千米左右，笔者于2018年从恩施市区开车行驶至石窑耗费4小时，由于改道修路，深叹其山高路远崎岖可哀之。笔者在2017—2020年前往石窑，对女儿会的参与者进行了访谈并整理成报告。石窑街道如图3-1所示。

图3-1 石窑街道

大山顶响板溪村是女儿会的另一个发源地。响板溪街上的一条古道，从街中心穿过，路面全由青石板铺成，人和牲畜走在上面就会发出"啪啪"的声响，街西头路边有股溪水，冬暖夏凉，四季不干，响板溪因此而得名。当地张、薛、李、郑姓人，在桥南端建一小街，亦农亦商，形成了集市贸易，因青龙桥为木板凉桥，当地人将此处取名为板桥。后因地方偏僻，生意不好，又在南面3千米处建一小街，而这里同样有一木板桥，故沿用板桥之名[1]。而如今的大山顶只有传说中的女儿湖（见图3-2）存在。笔者于2020年6月5日至6月8日前往大峡谷大山顶一带实地调研，见到了当地传说中的女儿湖。板桥镇大山顶响板溪位于恩施市西北60千米处，与重庆市奉节县相连，是板桥镇东南面地势偏高的一个行政村。有史以来，响板溪就是鄂渝公路贯穿全境，连接鄂渝两省的重要咽喉之地。响板溪街曾是大山顶的市中心，商品贸易等均在此处。因此地盛产名贵中草药材，各地的商人纷纷慕名前来采购，于是当地的商人经过商议便将每年的五月初三与七月初九这两天定为贸易日，适逢这两天与端午节和月半节（是土家族较为盛大的节日，时间从七月初一持续到七月十五）的时间一致，因此上香朝拜和上街赶场的人络绎不绝。

图 3-2 女儿湖

① 傅琳. 土家族女儿会的当代变迁 [D]. 武汉：中南民族大学，2009.

图 3-3 恩施夜景

一、缘由：历史中的女儿会

1958 年举办了第一次女儿会，1979 年第一次由石窑公社主办。1984 年红土区公所主办了恩施自治州成立后的第一届女儿会。1989 年石灰窑区公所主办女儿会人数达 3 万，市政府组织 40 多个单位参会。

1995 年女儿会移至市区成了文化旅游商贸的民族盛会，1999 年女儿会移至景区，先后有龙麟宫、梭布垭、清江闯滩等旅游景区。

2005 年女儿会开始由石灰窑及其他多位置联合举办，其主要目的为土家民俗展示和农副土特产品的推介。2007 年为配合恩施自治州州庆，女儿会时间改为农历七月初七，并开始有集体婚礼的策划。2008 年通过互联网和现场报名的方式，政府组织了一场 1700 多人的相亲活动，并诚邀学者举办了土家女儿会论坛。2009—2014 年女儿会由市政府在恩施城区广场举办，以相亲活动和农副产品推介会为主。2012 年首次有台湾同胞参加女儿会相关活动，2013 年由湖北省民族歌舞团编排的《土家女儿会》首次在中国台湾地区进行展演。

2015 年女儿会会场搬到了恩施大峡谷景区（见图 3-4），2016—2020 年采取了多地区同时协办的方式,参与地区有恩施大峡谷景区、梭布垭石林景区、恩施女儿城、龙马风情小镇、红土乡、三岔镇等。

图 3-4　恩施大峡谷景区

2019 年石柱县受恩施土家女儿会的文化辐射影响，在石柱县万寿山景区举行了首届土家女儿会。2020 年女儿会以"相约女儿会，情定龙赶湖"为主题，为期两天，共设有洞下槽村女儿会主会场（见图 3-5）和梭布垭石林景区、红土乡石窑村和稻池村三个分会场。主会场所在地洞下槽村（见图 3-6）距离恩施城区 22 千米，毗邻 318 国道，区位独特，交通便利。近年来，洞下槽村发展迅速，先后荣获"全国生态文化村""湖北省绿色示范乡村""恩施市十佳美丽乡村"等荣誉称号，并入选第一批全国乡村旅游重点村名录。

图 3-5　2020 年洞下槽村女儿会会场

女儿会作为一个少数民族地区活动的民俗事象，是恩施州打造的三大旅游品牌之一[①]，并且是其中的民族文化牌，与恩施玉露的农副产品牌和恩施大峡谷的旅游景观牌可谓相得益彰。2009 年 6 月，恩施女儿会入选第二批省级非物质文化遗产代表性项目名录。2020 年 8 月 29 日，中国民间艺术家

---

① 恩施三大旅游品牌：恩施玉露、恩施大峡谷、恩施女儿会。

协会正式向湖北省恩施市颁授"中国土家族女儿会文化之乡"牌匾。8 月 30 日，红土乡石窑女儿会分会场展演现场，恩施市正式授予红土乡"中国土家族女儿会文化之乡"牌匾。中国民间文艺家协会在命名决定中说："土家族女儿会是有着悠久的历史积淀、鲜明的地域特色、浓郁的民族风情和深厚的群众基础的民间节俗文化。""土家族传统婚俗"传习至今的礼俗有提亲、订婚、认亲、娶亲、哭嫁、拜堂等。其中最具土家族传统文化色彩的是哭嫁。《哭嫁歌》亦歌亦哭，句式自由，长短不一，感染力强烈，被誉为"中国式咏叹调"，具有极高的艺术审美价值。2020 年 1 月，"土家族传统婚俗"被正式列为省级非遗项目。

图 3-6 洞下槽村

关于女儿会的研究，有"恩施土家女儿会"的"一本杂志、一本书、一个论坛"研究（"三个一"研究）：恩施市文体局、恩施市文学艺术届联合会共同主办的文艺季刊《女儿会》；恩施市出版的内部文史资料《恩施土家女儿会》；恩施市政府主办的"恩施土家女儿会"论坛。在 CNKI 数据库中检索女儿会关键词，共有 188 篇相关文献。2002—2010 年，关于女儿会的文献都在两位数以上，学者对女儿会的关注度还是很高的。总体趋势如图 3-7 所示。

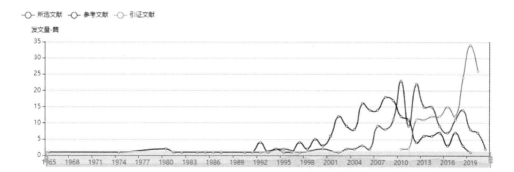

图 3-7　历年来学者对女儿会的研究文献发文量趋势

而学科分布和资源类型如图 3-8、图 3-9 所示。

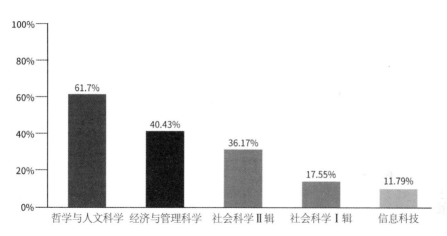

图 3-8　学科分布

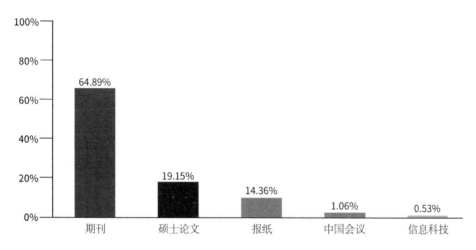

图 3-9　资源类型分布

哲学与人文科学的比例达到了 60% 以上，其他学科都占了部分比例，说明对女儿会的研究角度还是比较多元化的，女儿会从最开始的地方民俗成为现如今的民族盛会，其政治导向、经济价值、文化意义构建出了少数民族地区的重大节日庆典。

在资源类型分布上，期刊发布数量为 122 篇，占到总比重的 60% 以上；硕士论文 36 篇，占比 19.15%；报纸 27 篇，占比 14.36%。

二、嬗变：女儿会品牌化过程

作为民俗事象，女儿会的稳定性和变异性是并存的。非物质文化遗产将空间作为类型的一种，而女儿会存在的文化空间场域赋予了女儿会传承发展的无限活力。女儿会是地区文化的主打品牌，是恩施地方文化旅游经济的助推力量，节日盛典的人口聚集是经济文化发展的主要因素。环境对当地人们的风俗习惯和信仰有较大程度的影响，这种影响几乎对习俗和信仰的形成起到了关键性的作用。一种具有地域特色的文化现象产生，与其所处的文化空间关系密切，文化空间内存在着多个场域交织影响的状况。

场域作为各种力量相互交织的场所，存在于各种客观关系的网络之中，由于位置的存在以及它们强加于占据特定位置的行动者或机构的决定性因素，需要对位置进行客观的界定。场域在文化空间中具有相对自主的参与性，特定逻辑不能为其他场域的逻辑所代替，参与者有特定的目的性，而参与者基本按照自我意愿进行策略抉择，个体之间、个人与大众之间可通过场域相互作用和关联。

（一）空间延展：偏远乡土—城市—村镇

笔者的调查地点分别选取了石灰窑、女儿城、洞下槽三个位置，于 2018年 8 月 21 日至 22 日、2019 年 8 月 7 日至 12 日、2020 年 8 月 29 日进行实地调研。（图 3-10）

图 3-10　洞下槽迎亲

石灰窑属于偏远乡土区域，其地理位置前文有简述。女儿城位于恩施市城区，作为政府开发的现代化旅游人造古镇为女儿会提供了发展场域，为活态化传承起到了一定意义上的积极作用。洞下槽距恩施城区仅 22 千米，车程 1 小时左右，交通便利。在我国乡村振兴的大背景下，洞下槽村作为恩施乡村旅游经济发展的示范村镇，将女儿会的民俗元素纳入其中有较为深远的意义。

女儿会经历了一个现代化建构的过程，这个过程实际上也是一个由"会"到"城"慢慢走上产业化发展道路的过程。恩施土家族女儿会文化的产业转化是在市场经济发展与社会转型中，当地政府和民众谋求经济社会发展的一种策略选择[1]。女儿会在"乡村—都市文化体"的空间结构里保持着旺盛的生命力，保留着文化原初性内核和现代性外延向，我们证实了作为移植性文化资源保护模式传承和发展是可以和谐共存的[2]。表 3-1 统计收集了 1958—2020 年女儿会的举办地点、组织主体、形式内容（主题）和意义。

表 3-1　1958—2020 年女儿会举办情况一览表

年份（年）	举办地点	组织主体	形式内容（主题）	意义
1958	石灰窑	乡公所、民间	物资交流会、边区挑战会	妇女的健康成长首次得到重视，收购的中药材、山货销售营业额是平时一般场期的 2～3 倍
1979	红土乡	民间	四县边区农民组织文娱体育代表队开展传统比赛活动	恢复了中断 20 余年的女儿会，并融入了多元化元素
1983	石灰窑	由民间自发转为以政府的名义	传统民族盛会、物资交流会	借着建州之际，以官方名义恢复了女儿会的传承；当届女儿会由高山乡镇单纯的集贸市场物资交流转为促进民族团结、刺激民族经济的盛大集会
1984—1986	石灰窑	乡政府举办，政协参与	商品展销	建州第二年，在石灰窑举办了规模宏大的女儿会；后又连续两年在石灰窑举办，吸引了州内外游客包括国家及省直相关部门和众多媒体；1986 年的女儿会还包括灾区慰问

---

① 毕曼. 少数民族文化产业转化的矛盾张力研究：以恩施土家族"女儿会"文化为研究中心 [J]. 湖北大学学报（哲学社会科学版），2018，45（3）：152-158.
② 王燕妮. 恩施土家族"女儿会"研究 [D]. 武汉：华中师范大学，2010.

年份（年）	举办地点	组织主体	形式内容（主题）	意义
1987	红土区石灰窑	市政协	庆祝大会、文艺活动、艺术作品展示	女儿会由过去的寻亲交友转为以物资、文化交流为主，展现鄂西风土人情等
1989	石灰窑新区	新区筹备委员会	庆祝大会、物资交流、体育比赛	本次活动以文化促经济，以交流、体育比赛文化促生产，以文化扩大新区的知名度
1990—1994	石灰窑新区	新区筹备委员会	庆祝大会、物资交流会、文艺体育表演	1989年石灰窑建区后，连续组织几届女儿会
1995	恩施市民族路	省旅游局、省民宗委、州政府	中国湖北民俗风情游暨恩施土家族女儿会	女儿会首次从石灰窑搬进城区，成为集旅游、文化、商贸于一体的大型对外活动
1996	恩施市民族路	市委、市政府	物资展销、经贸洽谈	重点发展了女儿会贸易交流的功能，使其更好地与现代经济结合
1999	恩施市高桥坝龙麟宫风景区	恩施市人民政府	湖北省新闻年会	以"湖北省新闻年会"的形式，市政府把女儿会搬到了旅游景区，以文化带动旅游，促进旅游经济的发展
2000	恩施市梭布垭石林景区	恩施市人民政府	2000年中国首届清江闯滩节闭幕式暨梭布垭恩施"土家女儿会"	第一次将传统民俗文化与现代旅游经济对接
2001	恩施市梭布垭石林景区	恩施市人民政府	"一节一会"暨梭布垭恩施"土家女儿会"	在湖北省第五届少数民族传统体育运动会、湖北省国际清江闯滩节的背景下举办
2002	恩施市梭布垭石林景区	恩施市委宣传部、梭布垭石林景区	梭布垭恩施"土家女儿会"	开启了政府举办、公司企业承办的新模式，将女儿会融入了与市场联姻的轨道
2003	恩施市梭布垭石林景区	梭布垭石林景区	经贸洽谈会、文艺表演、土家汉子吃腊肉、挑扁担比赛	提高了人们参与的积极性和娱乐性；新闻记者深入梭布垭拍摄，制作并播放宣传片，扩大了恩施的知名度
2004	恩施市民族广场	中国魔芋协会，恩施市委、市政府	首届中国魔芋节暨恩施"土家女儿会"	既促进了原生态女儿会的传承发展，又促进了全市旅游经济的发展

续表

年份（年）	举办地点	组织主体	形式内容（主题）	意义
2005	石灰窑集镇、梭布垭石林景区	恩施市人民政府、太阳河乡人民政府、梭布垭石林景区	"女儿会"暨特色农产品展销、文艺演出	女儿会进城10年后第一次回"娘家"，带有"寻根"的意味
2006	石灰窑集镇、梭布垭石林景区	申遗项目组、红土乡人民政府	边区物资交流和风情展演	以活化传承的思路成立了女儿会保护传承协会，同时女儿会被确定为申报湖北省非物质文化遗产名录项目
2007	恩施市民族广场	恩施市人民政府	大型婚庆游乐活动、"土家女儿会"专题摄影展、千人共跳摆手舞、西兰卡普传统服饰展等	12对新人首次通过网上报名的方式，举行了集体婚礼，吸引了重庆自驾游车队、台湾经贸考察团和两岸记者采风团
2008	恩施市清河园凤凰广场	恩施市人民政府	相约女儿会、圆梦情人节	从舞台表演向相亲转移，重现石灰窑土家族儿女的相亲情景
2009	恩施市风雨桥东广场、凤凰山	恩施市人民政府	相约恩施女儿会、圆梦土家情人节	沿袭传统方式，注入时尚元素，婚博会现场展示了土家婚姻文化及产品；同年6月，女儿会入选湖北省非遗名录
2010	恩施市民族广场	恩施市人民政府	相约恩施女儿会、梦圆土家情人节、游园相亲、土特产品展销、相亲大派对文艺晚会	全国1.6万多名单身男女报名参加了相亲活动，其中700余对男女牵手成功；200多家企业和商家参加了广场展销
2011	恩施市民族广场	恩施市人民政府	相约恩施女儿会、梦圆土家情人节	女儿会官网在市政府门户网站正式开通，通过互联网寻找姻缘的方式得到广大青年男女的热捧；万余名单身男女以及来自武汉、重庆等地的"相亲团"赶赴女儿会；主办方组织了游园相亲、相亲派对及土特产品展销三大活动

年份 （年）	举办地点	组织主体	形式内容（主题）	意义
2012	土桥广场、州民族礼堂、凤凰山广场、风雨桥、清和园广场	恩施市委、市人民政府、市委宣传部、市文体局等	相约硒都女儿会、缘定土家情人节	创新设置了四个主题活动区：女儿会民俗文化展示区、婚恋文化印象馆区、相亲信息集中发布区、相亲互动游戏区
2013	清和园广场、风雨桥、民族广场	恩施市人民政府	光彩事业走进武陵山区（恩施）、第四届湖北·恩施生态文化旅游节暨2013恩施女儿会、鄂台少数民族手牵手活动	有亲水走廊相亲、清和园招新打、女儿城美食节及赶场相亲会等活动，现场和女儿会官网注册报名两种方式相结合；共10个签约项目落户恩施，投资总额约67.1亿元
2014	恩施土家女儿城、清和园广场、桥西广场、土桥广场	恩施市人民政府	东方情人节·土家女儿会	女儿会、《乡约》和《龙船调》三者融为一体，为旅游资源、特色产品、乡土人情、风俗文化搭建了一个宣传平台；活动期间，央视7台现场录制恩施版《乡约》栏目；中山市组织"女儿会"自驾游
2015	恩施大峡谷	市委宣传部、市文体新广局	走进恩施大峡谷，相约土家女儿会	土家女儿会走进恩施大峡谷，使恩施市倾力打造的文化名片和旅游名片有机接轨、深度交融。来自东帝汶民主共和国的文化交流团观看了土家族文艺表演
2016	梭布垭石林景区、恩施旅游接待中心、硒都广场、亲水走廊、风雨桥、红土乡	恩施市委、市政府	"恋上梭布垭，爱在女儿会"以及"品百年古镇红土溪，赶石窑原生女儿会"	赶场相亲、土家定亲仪式、土家民俗集体婚礼、山歌民歌大赛、篝火帐篷野营、露天电影

续表

年份（年）	举办地点	组织主体	形式内容（主题）	意义
2017	恩施土家女儿城、野三峡景区、龙马镇	恩施市委、市政府	爱在女儿城·情定野三峡；相约龙马小镇，情定玉龙湖畔；相约女儿会·鄂台少数民族手牵手；风情女儿会，缘聚石灰窑	趣味运动会、民俗文化游行与展演、文艺演出、篝火晚会
2018	龙马风情小镇（主会场）、红土乡、三岔镇、梭布垭石林景区、土家女儿城及恩施大峡谷	恩施市委、市政府	一见钟情女儿会一生相知玉露茶	"恩施玉露"宣传展示系列活动、特色手工艺作品展示展销、第四届"鄂台少数民族相约女儿会"、"穿越时空的爱恋"土家婚俗表演、相约龙马·首届乡村音乐节等特色活动以及抖音比"舞"招亲、"青堡民宿杯"乡村系列赛等延续活动
2019	恩施土家女儿城、石灰窑、清和园广场	恩施市委、市政府	恋上梭布垭，爱在女儿会；激情石灰窑，相约女儿会；情定女儿会，爱在恩施行	女儿会的文化资源最大化利用
2020	恩施土家女儿城、石灰窑、梭布垭石林景区、洞下槽村（主会场）、稻池村	恩施市委、市政府	相约女儿会，情定龙赶湖；恋上梭布垭，爱在女儿会	赶场相亲会、婚俗表演、恩施非遗文化展演和水上嘉年华等各色活动。红土乡石灰窑村、稻池村两个会场，以赶场相亲、对歌定情、龙舟竞渡、民俗会演、篝火狂欢等独具土家特色的活动，共庆原生态女儿会。活动时间持续长，参与方式多重化。天津商会、武汉恩施商会相关的爱心客商受邀来到女儿会发源地感受体验原生态民俗文化，同时进行产销对接、爱心助农，现场签订农副产品订单1000万元

根据上表不难看出，女儿会的举办地逐渐多元化成为恩施州区域内的一个民族文化事象，不再只是一个偏远山区的集会，逐渐走入大众化的视域圈，备受关注并成为恩施旅游的招牌。"我是从成都来的，一直听说恩施有个女儿会，所以专门来看看，民族风味很浓郁。""This is a grand carnival! Amazing show!""我们少数民族也会有一些活动，但是像女儿会这样子还是很少哦，很有意思啦！"①参与女儿会的人员已不单是州内的居民，州外的自驾旅游团、外国友人等都参与其中，女儿会的受众群体已然扩大化，并产生了文化传播的影响。（图3-11、3-12）

图3-11　婚俗

（二）官方主导

1995年，政府开始成为女儿会的官方主导力量，对恩施土家女儿会进行保护与发展。在恩施

图3-12　玉露茶

①访谈参与女儿会的相关人员，包括四川来的友人、湖北民族大学外国留学生等。

市各级政府部门的协同努力下，恩施土家女儿会从恩施地区较为小众的乡镇民俗活动转变为恩施市"三张名片"之一、恩施州四大节庆活动之一，逐步形成一年一度"恩施土家女儿会"盛大规模。政府修建女儿城为女儿会等恩施民俗文化添砖加瓦，建设特色民族村寨振兴乡村旅游经济发展。（图3-13）

图 3-13　洞下槽集市

2018年，恩施土家女儿会由中共恩施市委、恩施市人民政府主办，中共恩施市委宣传部、恩施市文体新广局、恩施市旅游局、龙凤镇人民政府、联投（恩施）建设投资有限公司承办，恩施州一品文化传媒有限责任公司策划执行[1]。女儿会以"一见钟情女儿会，一生相知玉露茶"为主题，龙马风情小镇作为本届土家女儿会的主会场，并设红土乡、三岔镇、梭布垭石林景区、土家女儿城及恩施大峡谷五个分会场。各分会场紧紧围绕本次女儿会主题，以"浪漫"为基调，突出土家节庆文化特色，将传统女儿会文化与现代时尚元素相融合，为城乡建设增强了吸引力和凝聚力，吸引外地游客开启神秘恩施的浪漫之旅。

---

① 恩施政府新闻网2018年女儿会新闻发布会。

2019 年，在女儿城（见图 3-14）举办的女儿会从 8 月 7 日至 12 日共持续 6 天，其中活动繁多，包括婚俗文化展演、泼水节、音乐节以及非诚勿扰相亲活动。女儿城最有特点的是其大型情景剧《赶场相亲女儿会》，而每年女儿城最具人气的是其相亲活动，每天可吸引州内外上万人次通过线上线下各种渠道参与其中。女儿城女儿会的商业气氛浓郁，多为地产开发商赞助冠名。女儿城通常与其他景区联合筹办并采用嫁娶的形式进行跨区域联合民俗叙事。

图 3-14 女儿城

2020 年 8 月 29 日，土家女儿会在恩施市白杨坪乡洞下槽村举行，洞下槽村主会场带来了赶场相亲会、婚俗表演、恩施非遗文化展演和水上嘉年华等特色活动，活动现场还设置了相亲墙和土家族特色集市来增强整体活动的完整性。看婚俗表演，逛恩施土特产集市，吃恩施当地特色小吃，成为洞下槽村整个女儿会一个完整的节日娱乐的产业链。

三、祛魅：经典化传承

土家女儿会被誉为东方情人节，从一个乡镇的小规模集会发展成为现如今的恩施州旅游三大品牌之一，这其中政府发挥了主导作用。在官方引领下的女儿会发展规模逐年扩大，参加人数每年持续增长，其影响力开始覆盖整个武陵山区的土家族地区。2012年11月30日，首届中国张家界土家女儿会在武陵源区快活溪布街举行，由张家界市民委、市旅游局、市妇联和武陵源区委宣传部联合主办，由充满民族地域特色的开幕式文艺演出、土家拦门婚俗表演、情歌对唱、送花传情、抛绣球、媒婆配对、溪布街淘宝爱情、篝火晚会、点秋香、牵手宝峰湖、问缘宝峰寺等内容组成。周边区域内的土家族聚居地也开始举办女儿会的节庆活动，成为用特色化的节庆活动促进当地的旅游文化消费的重要渠道。

"祛魅"一词出自德国社会学家马克斯·韦伯（Max Weber），笔者理解其意多为祛除所谓媚俗之气，而称其为经典之道的过程。韦伯对现代社会做过总结："我们的时代，是一个理性化、理智化的时代，总之是世界祛除巫魅的时代；这个时代的命运，是一切终极而最崇高的价值从公众生活中隐退——或者遁入神秘生活的超越领域，或者流于直接人际关系的博爱。"女儿会已然成为恩施旅游打造的品牌，在品牌化过程中祛魅，让民族文化经典传承通过多方努力完成。如何避免原生态女儿会出现世俗化的倾向需要做全方位的思考和探索，传统文化本身就是人们群聚而产生的一种约定俗成，民俗活动又是稳定性与变异性共存的状态。文化研究具有一种开放性，它超越了书斋和讲堂而进入社会；文化研究具有某种"祛魅"功能，它揭去经典的神圣光环并为边缘话语和沉默话语寻求合法性；文化研究是一种"地方性"的话语，它质疑普遍主义和本质主义，主张差异和复杂性；文化研究不但是一种理论研究，更是一种文化实践，它不但关心文化或文学"是什么"，更重要的是它关注文化或文学在"做什么"①。女儿会俨然成为一个盛大节庆活动的狂欢，传统文化在外在力量的扶持和引导下被重新建构而成为一种新的传统文化，是一种仪式狂欢的解构，成为一种只有能指而缺乏所指的文化符号。原始社会文化活动的集体性和综合性是其显著特点，它是伴随着人类的劳动生产而产生和发展的。女儿会的原始状态以男女欢会和对歌择偶活动为主体，但并非将恋情作为唯一的内容和目的。在"自由恋爱"观念的影响下所举行的聚集活动，属于一种综合性的民族传统文化形态。

（一）塑造经典影响力，傍实旅游体验感

女儿会的发源地石窑的影响力逐渐衰退，"现在到石窑来的人少了很多，一是修路交通不便；二是宣传少；三是城里比较近，火车汽车都比较容易到②。"政府在选定节日承办地点时比较偏重于旅游景区，因为景区作为旅游接待场所，相对应的配套设施较为完善。而笔者于 2018 年到达石窑时，街道上没有星级宾馆，几乎都是个人私营旅馆，住宿设施相当简陋。笔者入住的旅馆，老板将一楼和二楼作为餐馆，对外营业，三楼至五楼为住宿房间，六楼自住。"平时几乎没得人来住，一般也就能有两三间住人，所以也没有特别去管理，主要还是楼下餐馆赚钱③。"经营者无心于住宿盈利，也就无从谈起升级住宿条件。

活动安排欠缺也是影响力甚微的重要因素，"明天基本上都是一些文体活动。安排的拔河和篮球赛④。"没有土家族女儿会的特色活动，22 日清晨

① 周宪. 文化研究：学科抑或策略？[J]. 文艺研究，2002（4）：26-32.

② 2018 年 8 月 21 日晚于石灰窑村采访石窑女儿会某负责人。

③ 2018 年 8 月 22 日访谈旅馆老板。

④ 2018 年 8 月 21 日晚于石灰窑村采访石窑女儿会某负责人。

来自周边乡镇的多是参加赶场的人。石窑老街和新街（见图 3-15）上也是挤满了人，一部分人参与市集的买卖活动，另一部分人或是去参加文体活动，或是驻足观看文体活动。

图 3-15　石窑街道

笔者在赶集的人群中发现了不少裹着头巾的老年人，这是土家族原始装束中较为常见的裹头巾，但是在恩施州的城区中几乎不再有人头戴裹巾。在石窑集市上头戴裹巾的老人并不是用往常的黑布巾绕头，而是选择了时下比较常用可见的枕巾和围巾。老人家售卖的是恩施乡土特色浓郁的叶子烟，这是一种由烟叶直接烘烤而成的半成品烟，此种叶子烟多为老年群体的最爱，用烟锅搓一口有好似活神仙的说法。笔者在石窑观察到的土家女儿会功能表现较为原始，为商贸功能和文体娱乐功能。应有效发挥石窑经济集散地的区域位置优势，做商贸往来的文章，打造一个富有土家族文化特色的农副产品物流集散地；将富有高山特色的土家族农副产品贴上民族文化的标签，赋予商品多重文化价值的内涵，从而促进偏远乡土经济跨越式发展。

2015 年、2016 年，相关部门把恩施土家女儿会分别搬到恩施大峡谷、梭布垭石林等景区举办，这些景区都是远离城区的封闭空间，受交通、接待能力等因素的影响，人们进入这些空间受多重条件限制，有损恩施土家女儿会的公开性和共享性，对它的发展不利，因此应当在恩施城区选择一个固定的公共空间举办。将非物质文化遗产整体性重塑为公共文化，既是公共文化服务体系建设的现实需求，也是转变基层社会治理方式，提升治理能力的必然要求①。女儿会的初始状态就是集市，相比日常可能是比较特殊的赶场集会。月半节妇女返回娘家是在农历七月十二日，赶集女性居多，由此形成了女儿会。以赶场、相亲、对歌为主要民族特色的女儿会，在被赋予经济贸易价值之后更具多元开放性，并成为一种公共文化。

（二）活态传承

仪式是人类史上古老而普遍的文化活动，人们在仪式中潜移默化地接受影响。传统节日与现代化的狂欢交织，差异化的传播可能会导致民族文化符号本体产生特质改变，女儿会的民俗文化场域在无限制地扩展其经济效益上十分显著，但更需要文化基底厚重，才能支撑文化繁荣可持续发展。

1. 对传承者的保护

主要包括对女儿会资料收集者、保存者、传承者、组织者（官方与民间）、历史见证者（作家、艺术家）、参与发展者等相关人员的建档保护。政府可以采用口述史的方式将传承者有关女儿会的亲身经历记录保存下来，为以后的研究发展提供多样化的历史材料。政府还应有效保护非物质文化遗产，充分发挥非遗传承人的特殊作用，使全社会形成自觉保护民族、民间文化的意识，

---

① 杨洪林. 非物质文化的历史境遇与公共文化重塑：以恩施土家女儿会为考察中心 [J]. 中南民族大学学报（人文社会科学版），2018，38（1）：64-68.

实现非物质文化遗产保护工作的科学化。一是配合文化部门、各级公共文化机构进行宣传工作，通过电视、互联网发挥舆论作用，组织开展具有高水准、高品位的民间艺术展示及比赛、交流等群众文化活动，营造有利于全民共同参与非物质文化遗产挖掘与保护、传承和发展的良好氛围。二是逐步将非物质文化遗产内容编入教材、开展教学活动把民族民间艺术纳入教育体系，这无疑是对非物质文化遗产最好的传承和保护。同时，协同教育部门，将非物质文化遗产中的精华部分纳入大、中、小学教材，力争让民歌、剪纸、年画等传统技艺进入课堂，营造自觉保护民间艺术的良好氛围[①]。

2. 产品适度开发

适度开发与女儿会有关的文化创意产品，内容可包含当地农副特产及其他相关的文化周边产品。

石窑属于恩施二高山区域，其农产品产量和品质都十分上乘优质。石窑的金豆是被称为芸豆的一种豆子，学名叫菜豆。《鹤峰州志》中记载过这种豆子，历史上石窑芸豆种植面积很大，并曾被作为主食食用。以党参、当归、天麻为主的药材也是石窑地区的特色产品，种植历史时间长，清同治《恩施县志》就有记载石窑当归外销的情况，并有"窑归"这个别称。特色药材作为经济作物的种植推广发展，有利于贫困地区经济效益的提升。

可开发的手工艺品包含土家族特有的绣花鞋垫、绣花枕巾、绣花披风等，都是日常用品。可以将西兰卡普（见图 3-16、图 3-17）系列织品作为婚嫁产品进行开发与利用。女儿会是土家族喜事的见证环节，而富有恩施土家族文化符号的西兰卡普——土家族织锦原是土家族女儿出嫁的必备用品，以前衡量一个土家族女性是否心灵手巧会用她出嫁时的西兰卡普来判断。现如今的婚庆市场开发潜力广阔，将西兰卡普系列织品作为婚嫁产品进行开发具有

---

① 李宁. 浅谈非物质文化遗产传承人的保护与制度建设 [J]. 湘潮，2014（1）：88.

巨大的潜力。笔者的朋友结婚，贺礼多数是笔者亲自挑选的西兰卡普系列织品镶框后的装饰画。而西兰卡普系列织品还包含床罩、桌布、茶席、靠枕、手袋、坐垫、围巾等。

图 3-16　西兰卡普之一　　　　　　　　　　图 3-17　西兰卡普之二

3. 影像资料纪录续存

笔者查阅资料时发现，2020 年开始的女儿会的影像图片资料急剧增加，这与手机普及有关系，很多中老年人开始用手机记录拍摄参与女儿会的盛况，有些做成美篇，有些做成短视频，更多的是发朋友圈。

4. 专题文化馆

2020 年 11 月 9 日恩施市女儿会公园正式开工建设，位于城区五峰山隧道东侧，占地 83 公顷[1]。笔者去过此处多次，看见土家族特色凉亭等建设工程逐步完善，希冀于此广场多增加一些女儿会特色元素，比如具有象征性质的石刻浮雕、民族壁画、铜像等。女儿会作为恩施主力发展的三大品牌之一，需要一个实体文化空间的落地展示。以女儿会文化为主题的女儿城正是在这

---

① 信息源于恩施硒都网。

样的背景下建立的，并很快成为国家4A级旅游景区。女儿城游乐园如图3-18所示。

图3-18　女儿城游乐园

在旅游商业利益和功利性需求的刺激下，女儿城中充满了异地移植而来的民族特色旅游商品，商家对女儿会文化的开发普遍只在器物层面下功夫，形成了牵强附会、粗制滥造的失度利用状态①。女儿城作为商业化运营的人造古城，有一个私人经营的恩施土家民俗博物馆，但并非女儿会专业文化馆，只是个人收藏的私人藏品，其经济意义大于文化意义。

恩施土家女儿城位于湖北省恩施土家族苗族自治州恩施市市区，是国家4A级旅游景区、全国土家族非物质文化遗产保护展演传承基地，也是武陵地区城市娱乐消费中心和旅游集散地。该景区集土家民俗文化展示、非物质文

---

① 毕曼. 少数民族文化产业转化的矛盾张力研究：以恩施土家族"女儿会"文化为研究中心 [J]. 湖北大学学报（哲学社会科学版），2018，45（3）：152-158.

化遗产项目保护和传承、创业孵化园区管理、恩施玉露茶制作技艺传承保护等于一体，入驻商家 1000 余户，带动就业创业上万人[①]。女儿城作为商业性质的人造景观城，其经济价值不言而喻，但是文化价值的凸显需要进一步规划和导向。笔者希冀于看到土苗文化搭载恩施旅游发展的顺风车，将我们的民族特色文化传播得更加深远。

---

① 李毅．一座城·一台戏·一群人的故事：看湖北恩施土家女儿城民族文化和旅游融合发展 [J]．民族大家庭，2020（5）：39-40.

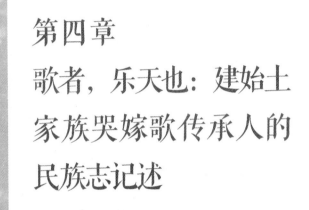

第四章

歌者，乐天也：建始土家族哭嫁歌传承人的民族志记述

歌者，天生乐天而忘忧也；歌者，阅人之感而记述之；歌者，民族之魂传承者乎。建始土家族哭嫁歌传承人这个群体，对土家族婚俗传统的现实诠释都幻化在其悲亢的歌声当中。

土家族婚俗中有哭嫁的环节，这在鄂西土家族聚居地区由来已久，并延续至今。土家族女儿出嫁前一天在家宴请前来道喜的众多宾客，席闭（喜宴结束）之后，具有中国咏叹调风格的"陪十姊妹"就开始上演了。主房屋的堂屋正中央拼起两三张木质方桌，四周摆上长条板凳，并在桌上铺红布或桌布，称为"打香桌"。在香桌上摆上一对红烛，桌子中间摆上糖果、花生、瓜子、糕点等食物，也可以摆上小菜、凉菜或其他吃食。由督官安排整个仪式，首先将"陪十姊妹"一齐请到堂屋的一旁，音乐声响起，"陪十姊妹"的仪式正式开始，之后由安席的人（一对中年妇女）围绕方桌进行安席仪式。然后将新娘请出坐于正中桌的上位，女方陪拜的两个姑娘（伴娘）坐在新娘左右，其他女子依次而坐。男方迎亲的三个姑娘必须入座。安席完毕之后，就要开始诵读《开令词》。开令礼成，由其中一位伴娘领唱《开台歌》，之后正式唱十姊妹歌，演唱者自由随性演唱。此种歌唱方式以即兴演唱为主，围观的邻里亲人皆可参与演唱，互动性和参与性较强。

此次中南民族大学文学与新闻传播学院土家族婚俗研究调查组，前后两次赴湖北省恩施市建始县花坪镇、高坪镇、十里坪镇、望坪社区、三里乡，采用个别访谈与小组访谈形式，实地访谈了土家族哭嫁歌传承人13人，并将其分为一级传承人和二级传承人。

其中一级传承人共3人，包括黄美清、姜化军、郭清旭；二级传承人共10人，包括侯敬芝、周福春、姚永忠、周家芝、姜红旭、蔡萍、侯静梅、蔡祖菊、付光莉、苏雪。一级传承人为直接传承者，其哭嫁歌传承于直系亲属并长期存在于其生命历程中。二级传承人为间接传承人，其哭嫁歌传承于一级传承人，并间接接触和传播哭嫁歌。

按照年龄划分，传承人分为老中青三代，其中 60 岁以上 1 人，35 岁以上 60 岁以下 10 人，35 岁以下 2 人。

一、一级传承人

（一）黄美清

1. 基本情况

黄美清，人称"黄五姐"，出生于一个艺术氛围浓郁的家庭。其外祖父是湖北省非物质文化遗产建始南乡丝弦锣鼓的创始人。其伯伯郭自鄂在 1957 年北京"百花齐放"民族歌舞展演中演绎南乡丝弦锣鼓，获奖并受到了国家领导人的接见。其奶奶喜欢唱"陪十姊妹"等民歌，爷爷不仅会唱很多民歌，还会说书，《隋唐演义》等说本信手拈来。其母亲现在 73 岁，对当地民俗文化的种种记忆犹新，还会唱《开台歌》《园台歌》等数十首哭嫁歌。

2. 人生经历

1978 年进入小学学习，担任班级大队长；学生会文艺骨干。

1989 年进入建始一中学习，学习播音。

1992 年进入鄂西工校（中专）学习，担任宣传部部长。

1993—2008 年组建高坪镇民乐队，组织多次文艺演出活动。完成南乡丝弦锣鼓作为非物质文化遗产的申报工作。

2008 年至今担任高坪妇联主席，组建"爱心妈妈快乐女人俱乐部"。开始以拉丁舞和健美操为主，想让妇女都拥有强健的体魄，远离麻将桌。后来认为光健身不够，要与民族民俗文化相结合，开始组建"陪十姊妹"队伍。

黄美清现任建始县高坪镇妇联主席、旅游开发办主任、女子民兵连连长、财政所副所长。

3.家庭影响

黄美清从小处在艺术的氛围中，小时候就参与过"陪十姊妹"。母亲和大姑都会唱"陪十姊妹"歌，而且大姑是方圆十里远近闻名的女督官。

4.热爱之心

黄美清在下乡的时候，听到有老人唱这些民歌，就喜欢搜集歌词和曲调。很早之前就收录了《十杯酒》之类几乎失传的哭嫁歌。她真正开始接触和整理土家族婚俗"陪十姊妹"的哭嫁歌曲，是从2012年开始在石门河景区征地担任旅游班主任之后。她认识到凡是有景区的地方，必须有地方特色文化作为积淀。她于2013年开始搜集民歌，2015年建始县第一届土家族民俗婚礼在高坪镇举办，婚礼的全过程，如开令、安席、哭嫁等都进行了原生态的复原。

5.十姊妹队伍的建立

黄美清通过录音、录像等多种形式，从乡间搜集来各种现存的歌调和歌词，然后请高坪民乐队帮忙谱曲，谱曲之后再教给现在的十姊妹队伍成员。

十姊妹队伍按要求是9个人，参加培训的15人左右。出席活动必须保证有9人，应多培养20～30岁的年轻人。黄美清认为，与专业院校合作不太实际，但是建立培训基地十分必要。主要困难在于培训场地，培训不可能在家中进行，需要固定场地，因而寻找合适的场地成了黄美清头疼的大问题。哭嫁歌带有悲伤、哀愁的情绪感受，其中包含感恩父母的养育之恩、哥嫂的陪伴之恩、邻里从小相待的恩情，内心的依依不舍之情、长辈的谆谆教导都通过歌声进行表达。而女性在其感受之时，难免会有情绪的波动。农村地区十分忌讳在家中哭泣的行为，所以在选择场地时有不少的麻烦。黄美清希望有组织能够提供一个固定场所。文化的传承依靠自觉和喜好，队伍成员都是用闲暇的时间进行练习的。并且群众文化的发展依靠群众、源于群众、根深于群众。黄美清表示，她们的十姊妹队伍，在老中青三代中基本成型。每个个体的努力成就了整个集体的完美呈现，并将其文化进行有效传承。"陪十姊妹"作为建始土家族婚俗表演形式之一具有重要意义，也是不可或缺的一部分，而整体的土家族婚俗婚礼仪式是一个动态文化的呈现，更具有文化传播的价值。

6.传承

从宴席开始，就是在告知周遭参加喜宴的来宾要开始哭嫁仪式了。所有来宾的注意力集中后，督官就要开始协调整个仪式的各个步骤衔接等。这其实是一个整体，也就是仪式需要具有的完整性。整个婚礼的一套仪式下来，不光是前期哭嫁，还包含了新娘出门时，由哥哥或弟弟背出闺房，在堂屋辞别祖先。其中站位、行礼等各个步骤都是十分讲究的。每次黄美清下乡的时候，都会去问村里的老人关于婚俗的各种问题，从而不断地完善呈现的婚礼仪式。每次搜集到的民歌都有原生态的味道在其中，必须是老百姓口耳相传的民歌才是真正源于人民群众的文化遗产。近年来，黄美清从哭嫁歌的搜集整理到学唱、再到教唱、最后到传唱这样一个过程历经了几个来回。她希望培养更多的年轻人加入队伍，在学唱过程中感受其文化魅力。黄美清多次筹划和举办土家族民俗婚礼，想让土家族的民族文化得到保留和传承，更希望有创新力量的注入，从而使土家族文化实现可持续发展。她希望改变农村陈旧俗套的婚礼仪式，提倡有文化内涵并勤俭朴实的婚礼文化，为新农村的文化建设提供了新思路。

黄美清在 2015 年、2016 年"建始县黄四姐民俗婚礼"上带领十姊妹队伍进行原生态演唱；为央视 7 套的《乡约·金建始》栏目"走进石门河景区"开篇进行十姊妹的宣传活动；在湖北省电视台《和事佬》策巴子姐妹旅行团栏目中演唱并解说《十杯酒》《十月小阳都》，不仅宣传了高坪镇石门河景区的自然风光，而且将土家族婚俗文化展现在荧屏之上。黄美清在宣传家乡民族文化的道路上一路前行。

7. 砥砺前行

黄美清自比挖井人，是将原生态的土家族民族文化挖掘出来，让后人享有和传承民族文化的甘甜营养。

哪怕经历了无数次的挫折，哪怕不被理解、不断地被打击，黄美清也在坚强地成长，她对民族文化的热爱是支撑她传承此文化的不竭动力和力量源泉。要想更好地弘扬原生态民族文化，必须坚持尊重其本真的发展。

对于民俗文化的传承要坚持源于人民群众，发展于人民群众。黄美清长期在群众中进行工作活动，接待省州市级活动上百场。她在做好工作的同时，长达 103 个月不间断地做着志愿者并组织成立了一支有号召力、有影响力的志愿者团队——爱心妈妈快乐女人俱乐部，身边的人都称她为"好心人""热心肠的人"，是镇里出了名的"管事妈"，关爱弱势群体。她硬是走进了一个个妇女儿童的心里，用真情付出，换得敬重与赞许一片；她以身作则、任劳任怨，曾被表彰为湖北省妇联系统先进工作者，恩施州妇联"三八红旗手标兵"，恩施州委、恩施军区"扶贫参建先进个人"。

"土家人民爱唱歌，山歌越唱越快活，歌唱党的十八大，齐心协力奔小康……"2010 年过年期间，高坪镇女子民兵连格外繁忙，连长黄美清组织女民兵编排节目。当地人都知道，这是民兵连的传统，女子民兵连将这些富有当地民族特色的节目走村串户巡回演出，成了当地群众辞旧迎新的一道文化大餐。"2010 年 8 月，女子民兵爱心妈妈演出队首场演山在富有民族特色的八角楼广场上演，方圆数村群众闻讯赶来，把整个场地围得水泄不通。"回想当时情形，女子民兵连的女兵仍兴奋不已。建始县民族风情浓郁，但有的优秀民族文化瑰宝濒临失传。黄美清带领民兵连及时组织文化骨干挖掘、搜集、整理出《南乡丝弦锣鼓》《高高山上一树槐》《妹娃要过河》等 20 多首山歌民歌，自编创作出《劝君莫搓麻将》《众手浇开幸福花》等 30 多个富有乡土气息和寓教于乐的文艺节目，还将其搬上了州、县舞台。

8. 土家族哭嫁歌传承的意义

首先，《十姊妹》《十弟兄》等老歌曲的歌词诠释了不少做人的道理，值得推广；其次，使濒临失传的民族文化得以保留；再次，这一形式的群众文化活动影响了青年一代人的看法；最后，提倡简约婚礼方式，杜绝恶俗行为，创新婚礼形式，传承土家婚俗传统。

（二）姜化军

1. 基本情况

姜化军自称姜氏后人，学子牙音传。初中文化程度，有吹拉弹唱之好。家中有姊妹七人，一姐五兄，另为异父胞兄，排行老幺。自幼随双亲迁徙于建始县高坪镇望坪社区，现居 19 组。其母曾传英，会唱多首哭嫁歌，姜化军习得其哭嫁歌真传。其中家里老大姜化忠喜好拉二胡，能唱多首民歌。老二姜化崇很会唱歌，远近闻名，已逝世。姜化军于 1990 年结婚，家中有一儿（出生于 2001 年），就读于建始职高，一女（出生于 1992 年）未婚。爱人会唱部分哭嫁歌，其儿女不会唱民歌而喜欢流行音乐。

2. 人生经历

姜化军自记事以来就跟着村里的老人学唱。5 岁半开始上学，并帮家里做农活。初中毕业之后，去砖瓦厂做了泥瓦匠学徒，做瓦筒，两年（1982 年）之后，开始做石匠学徒。之后在建始县的新力建设集团工作，开始是管伙食的，后转到销售科，因政策需要精简人员，又开始做石匠。在外务工将近 20 年，在四川务工时，闲暇之余教工友和老板的孩子唱歌，教小孩子唱《癞蛤蟆歌》（也叫《算账歌》）。后来出门打工了几年，又到厂里做了几年，厂垮掉之后，就回来做自己本职工作，给私人老板起房子、安灯、安水管等。

3. 十弟兄（结婚当天）过程

（1）席闭

①督官开始安排整个仪式流程。

②伙夫从厨房中端出猪膀坨，筷子插在正中央，碗底有一张红纸（意思是讨要红包）。

③桌上摆放葵花（瓜子）、饼子等一系列素菜。唱歌的人可以吃，围观的人也可以吃。但是一般而言桌上的吃食是给唱歌的人准备的。

④开令。

（2）敬祖仪式

①唱《开台歌》。

②陪十弟兄开始唱《十爱》《十想》《怀胎歌》《十劝》。

座席的必须是未婚，已婚只能站着，但是可以唱。

4. 桃园子陪十弟兄经历

20多年前，姜化军在桃园子村的一家接媳妇，参与了陪十弟兄。当时他是被主人家请去的，其余参加的人都不相识，并且用录音机录了磁带。

"督官先生放了一挂鞭炮，将我请进门。"

他说，这是请来歌先生来哒。

大大小小老老少少都开始围绕着方桌，督官先生把他的录音机拿来，把之前的歌都洗掉了，把姜化军唱的歌录满了整个磁带。

当时的婚礼持续了两天，除了陪客人和吃饭的时间，其他时间都在唱歌。

姜化军说，结婚之前，他可以唱100多首歌，但婚后几乎没有再唱过。

5. 现场演唱

开台歌

石榴开花一口钟，今晚坐陪十弟兄。

十个弟兄都请坐，听我唱个开台歌。

……

十劝郎

一劝小情郎，大家都要听，人人都是父母生，要报养育恩。

……

十爱姐

一爱姐好人才，高不高来矮不矮，走路好比祝英台。

二爱姐好头发，梳子梳来篦子刮，梳起盘龙插鲜花。

三爱姐好眉毛，眉毛弯弯一脸笑，说话就像鹦哥叫。

四爱姐好眼睛，眼睛一双水灵灵，望人好比梭罗行。

五爱姐好白牙，三十六颗般般大，句句说得知心话。

六爱姐好白手，一双手儿像莲藕，翡翠戒指戴满手。

七爱姐好软腰，走路好比风摆柳，又像水上漂外头。

八爱姐好衣裳，衣裳四角攀麝香，人也香来麝也香。

九爱姐好罗裙，罗裙系起二面分，走路好像风送云。

十爱姐好小脚，活像两个小羊角，走路就像踩软索。

6. 关于婚恋

姜化军说，他的爱人是媒人介绍的，当时家里什么都没有，就没有陪十弟兄了。村中在1988年或1989年前后，就没有再时兴陪十姊妹或陪十弟兄的传统。

现在结婚都只有一天的时间，大家都觉得越简单越好。

结婚虽然没有仪式，但是唱歌的特别多。

现在有媒人请他去唱歌，他看了女方之后，唱了几首歌，男方就同意了，两家人就和亲了。说着他就唱起了"如果这一生只能爱一次……"（《除了你》）。

（三）郭清旭

1. 基本情况

郭清旭，女，土家族，1958 年出生于建始高坪镇东庄村，现居于建始高坪镇三园坝村 4 组。

郭清旭的歌声以音质清晰、高亢婉转而惹人喜欢。她从十几岁放羊的时候，开始学习唱民歌。和姐妹们一起唱哭嫁歌，已经唱了三四十年了。她在结婚的时候没有"陪十姊妹"，但经常去"陪十姊妹"。姐姐也尤其喜爱唱哭嫁歌，都是原生态唱法，不太会换气等专业唱歌方法。

2. 现场演唱

十想

一想那我的娘呀，两眼啊泪汪汪啊，白脸那个旦旦就向前方啊你空养那儿一场啊哎呀嗨哟——哟，你空养那儿一场。

二想那我的爹呀，父子俩分别呀，我只就到家呀没就到国啊，你公事就了不得啊！

三想那我的妹啊，妹妹呀小两岁啊，单成那个双啊没成对啊，我越想都越掉泪啊哎呀——嗨哟——哦啊越想都越掉泪啊！

四想那我的弟啊，弟弟在学校里啊，手拿那个毛笔就往上提啊，为国好出力啊哎呀——嗨哟——哦你为国呀好出力啊！

五想那我的哥啊，大小那一窝拖呀，肩挑那个背来呀受折磨呀，你还要谋生活啊哎呀——嗨哟——哦你还要谋生活啊！

六想那我那公婆啊，公婆你有错啊，男大那个女大就真相合啊，你还不来请媒说啊哎呀——嗨哟——哦你还不来请媒说啊！

七想那做媒的啊，你坏东西啊，我哪一些事情啊得罪了你呀，你还不来把媒提啊哎呀——嗨哟——哦还不来把媒提啊！

八想那我的郎啊，我郎你在哪方啊，我鸳鸯那个枕头都摆成行啊，我越想都越心酸啊哎呀——嗨哟——哦越想都越心酸啊！

……

由于过于紧张，郭清旭忘记了部分歌词。她表示，以前没有电视的时候，都是通夜唱歌。

上席歌

石榴开花叶儿翠，当堂坐的十姊妹。十个姊妹都请坐，听我唱个开台歌。

人又小命又窄，唱个歌儿而得罪客。得罪老的犹似可，得罪小的莫笑我。

石榴树上滴点油，这号油儿好梳头。大姐梳起盘龙簪，二姐梳起插花头。

……

下席歌

一年一朵春，年年有新闻，不知不觉长成人，咿呀呀咿哟。

今年人长大，今天要出嫁，句句要听娘说话，咿呀呀咿哟。

一要敬公婆，二要敬丈夫，三要妯娌要笑和，咿呀呀咿哟。

四要起得早，堂前要打扫，打扫堂前人客到，咿呀呀咿哟。

人客你坐下，装烟把壶拿，切记莫用手颠茶，咿呀呀咿哟。

……

哭五更

咿咿啦啦来娶的亲咯喂呃，幺姑娘在房中是哎嗨哟哭五更咯呃：

一更里来哟哭一声来哟，哭起我的妈妈是哎嗨哟一个人来哟，

小来忧愁长不得大来哟，长大那个又愁哎嗨哟放人家哟，

二更里来哟哭二声来哟，哭起我的爹爹是哎嗨哟一个人来哟，

小来忧愁钱和米哟，长大那个忧愁哎嗨哟酒和席哟，

三更里来哟哭三声来哟，哭起我的姐姐是哎嗨哟一个人来哟，

小来针线哦有姐教咯，长大那个又是哎嗨哟别家人哟，

四更里来哟哭四声来哟，哭起我的嫂嫂是哎嗨哟一个人来哟，

灶前灶后哟有嫂教咯哎嗨哎，长大那个又是哎嗨哟两姓人咯哦，

五更里来哟哭五声来哟，哭起我的婆家是哎嗨哟来娶亲哟，

前头一帮哟吹鼓的手来哟哦哦，后头那个又是哎嗨哟大路的人来哟，

前头一帮哟大路的人哟哦哦哦，手捧那个花轿是哎嗨哟进堂门来哦。

……

（歌词由黄美清整理）

二、二级传承人

（一）侯敬芝

1. 基本情况

侯敬芝，女，1965 年出生，现年 58 岁。家中有 4 口人，跟爱人、儿子、儿媳一起生活。初中文化程度。现居于高坪镇街上，老家是小水田村，其娘家为东庄村。

2. 学艺经历

侯敬芝从十几岁开始跟着村中及周边老人学习，晚上农闲时帮老人推磨、撕苞谷时跟着学唱十姊妹歌。跟随其母亲学习了一些，但跟家附近的人学得比较多。十几年未唱了，但经黄美清主任组织后又开始唱了。

3. 掌握情况

《采茶歌》、《十姊妹歌》、《哭五更》、《荷包歌》、《十想》、《十哭》、《十杯酒》、《算账歌》（仅供娱乐）、《一年一朵春》（曲调记得，

大部分的词记得但是记不全）等，大概会唱 10 首歌曲。不会唱《十劝歌》，原来只学了上述这些歌曲。

4. 表演空间

旅游区展演较多，也有在宾馆举办民间婚礼的需要（无定期活动，根据游客往来的次数）。

5. 传承现状

侯敬芝表示，基本没人学哭嫁歌，与其同年代的人对哭嫁歌更感兴趣。

6. 对"陪十姊妹"的看法

侯敬芝表示认可"陪十姊妹"，觉得需要对其进行传承。她认为参加"陪十姊妹"，内心会有深刻的感受，会有真情实感的流露。

7. 个人经历

侯敬芝在 20 世纪 80 年代传承人结婚的时候晚上做过十姊妹，历时 3 天，前一天黄昏的时候就来了客人，"陪十姊妹"实际上是"混夜"的一部分，因为那时没有娱乐活动，以此消磨时间以待天明。新娘下席前将红包放在香桌上的花盆里。十姊妹唱完、新娘下席之后，把三张香桌合成一桌，放满糖食果饼。其他人又开始唱歌，唱完一首给一块糖，所以大家抢着唱。

席坐毕之后，开始陪十姊妹。参与者都是亲戚朋友，支（摆）好桌子就开始了。首先请新娘出来，厨子要端一钵猪蹄放到新娘面前。新娘唱《十姊妹歌》之后下席，并将红包塞到花里面。

安席时需要打功，其动作有所变化（有视频资料）。

（二）周福春

1. 基本情况

周福春，女，1963 年出生，现年 60 岁，初中文化程度。家住高坪镇小水田村，其娘家为东庄村。

2. 家庭情况

配偶、儿子、儿媳、女婿和两个孙子。

3. 个人情况

周福春于 20 世纪 80 年代结婚，父母早亡未办婚礼。三年级开始学跳舞，下乡下队演出，以文艺宣传为主。

4. 学艺经历

周福春除了跟着娘家那边的老人学唱（老人都有七八十岁了），还跟其丈夫学了一点，其丈夫名为黄普益，69 岁。"我妈妈那个时候，其实我们那方（地方）做十姊妹，我们那一块的只有我妈妈会唱十姊妹。有一次她带我去吃酒，她就一个人站在门槛上唱。我妈妈她也蛮会唱歌，声音也蛮尖，那一方块都是她一个人唱。我那时候蛮小，就没学到。"

5. 掌握情况

周福春会唱《哭五更》《十姊妹歌》《十哭》《十想》《苏州打货杭州卖》《结婚歌》《十月小阳春》《一年一头春》《闹五更》，还会唱一首在宣恩流行的歌。

6. 展演经历

周福春每年参加五六次景区山嫁仪式（由黄美清组织），给游客展演，穿民族服装，人数一般在 10 人以上。参加过一次民俗婚礼：2017 年 8 月，亲家（媳妇娘家）嫁女，组织人去唱了一次"陪十姊妹"，场景热闹很受欢迎。

7. 对"陪十姊妹"的态度

自愿参与，没有报酬，热爱文艺。生活中都唱，越唱越喜欢。

（三）姚永忠

1. 基本情况

姚永忠，女，1970 年出生，现年 53 岁。家住高坪镇，娘家为石垭子村。初中文化程度。

2. 家庭情况

姚永忠于 1989 年结婚，丈夫刘志兵 53 岁，有两个女儿（26 岁、33 岁）。婆家父母在她结婚前已经去世，其父亲还健在。其结婚时未进行"陪十姊妹"（20 世纪 80 年代不兴），其姐姐结婚时进行了"陪十姊妹"（20 世纪 70 年代）。

3. 学艺经历

姚永忠在娘家时是跟着妈妈和其他老人学的，跟黄美清主任组织起队伍后边做边学。

4. 唱"十姊妹"歌的顺序

①《开台歌》（独唱）。

②《哭五更》（独唱）。

③《一年一头春》（分段独唱）。

④《十哭》（独唱）。

⑤《十想》《苏州打货杭州卖》《闹五更》（一人起头再合唱，时间充裕时唱）。

⑥《十月小阳春》（对唱，时间充裕时唱）。

⑦《圆台歌》（独唱、合唱均可）。

说明：现场随意分配唱。

（四）周家芝

1. 基本情况

周家芝，女，1970 年出生，现年 53 岁。小学文化程度。家住高坪镇麻扎坪村 4 组，娘家在恩施。

2. 家庭情况

周家芝于 20 世纪 90 年代结婚，丈夫刘海松 53 岁，一儿一女均未婚（女儿在恩施学技术，儿子在上学）。

3. 学艺经历

周家芝在婚前跟着母亲学了很多歌，结婚后淡忘了，现在跟着"姐妹歌"队伍一起学，基础好，学得快。本来不感兴趣，出门做了这个活动之后便有了兴趣。她曾参加过一次活动，在土岭农家山庄（身着民族服装），为官方组织的表演性质的活动。"以前做十姊妹的时候会吃东西，现在展演桌上也摆吃的东西，但为了表演效果只喝茶。"

4. 对"陪十姊妹"的态度

周家芝认为，现在没有年轻人跟着学，可能等年轻人到了她们这个年纪后会感兴趣，再带着她们学。

（五）姜红旭

1. 基本情况

姜红旭，女，土家族，1968 年生，现年 55 岁，家住望坪社区 18 组。爱人 59 岁，有两个女儿，一个 35 岁，一个 32 岁。

其母亲姜国翠和文艺宣传队在 1956 年农历腊月到县城参加春节联欢文艺汇演，夜间休憩时，对唱起《撒尔荷》，当时的县文化馆馆长冉子梁听到这首唱腔粗犷、旋律优美的歌，十分欣赏，于是追根溯源。由于当时是腊月，土家人"正月忌头，腊月忌尾"，《撒尔荷》虽然是喜庆的词调，但中间却夹个"忧"字，正在对唱的高坪干沟村演员余德方随口回答："我们在唱《闹年歌》。"冉馆长兴致很浓，要他们反复演唱。他越看越爱，决定把这首并没有参与春节联欢文艺汇演的歌舞编排一下，选了八男八女参加了恩施"百花齐放"文艺汇演，恩施专区把这个节日推向了省城。1957 年在北京参加全国"百花齐放"文艺汇演，其团队获得奖状，并受到国家领导人的接见。姜国翠于 2017 年 3 月逝世，享年 78 岁。

2. 学艺经历

母亲每天在家唱民歌，姜红旭深受其影响也爱唱民歌，并且参加过建始民歌大奖赛获得过奖项。小时候还没读书之前，姜红旭就开始跟着母亲学唱，一直到结婚之前都在唱。其父亲在钢铁厂和文工团工作，母亲也在文工团工作。其母亲生了孩子之后，父亲就让她离开了文工团。姜红旭 16 岁时进入了文工团，后来在高坪文化站工作。她参加过多次村里的"陪十姊妹"，由于现在村中不时兴"陪十姊妹"了，大多数时候是去唱一些民歌。她很乐于参加别人的婚礼，为新人唱歌。

3. 婚恋

姜红旭和其爱人是经人介绍认识的，于 1978 年结婚，也算是自由恋爱。

4. 对"陪十姊妹"的态度

姜红旭说，之前过年时村中举行了文艺晚会，大家都听到了她的歌声，觉得她唱歌的功底不错，让她加入"陪十姊妹"的队伍，她本身热爱民歌，也喜欢没事的时候哼两句。她认为哭嫁歌这个传统的曲目应该得到传承和发展，这是土家族的民族文化的精华所在。

综上所述，根据建始县统计数据，本次田野调查的三个乡镇中，高坪镇有 110 人，三里乡有 92 人，花坪镇有 84 人。此次访谈了一级传承人 3 人、二级传承人 5 人。

总体而言，传承人有断代的趋势。老年传承人由于记忆力衰退等开始逐渐遗忘歌词，中年传承人因为热爱开始进行复原式的挖掘和学习，而青年一代几乎对此无法产生兴趣。因而如何将哭嫁歌结合时代的发展，进行有效且广泛的传播是一个值得人们思考的问题和探索的方向。

参考文献

专著类

［1］费孝通. 乡土中国［M］. 北京：外语教学与研究出版社，2012.

［2］曾维康. 农民中国：江汉平原一个村落 26 位乡民的口述史［M］. 北京：
高等教育出版社，2012.

［3］阮宝娣. 羌族释比口述史［M］. 北京：民族出版社，2011.

［4］梁鸿. 中国在梁庄［M］. 北京：中信出版社，2014.

［5］约翰逊. 电视与乡村社会变迁：对印度两村庄的民族志调查［M］.
展明辉，张金玺，译. 北京：中国人民大学出版社，2005.

［6］郭建斌. 独乡电视：现代传媒与少数民族乡村日常生活［M］. 济南：
山东人民出版社，2005.

［7］吴飞. 火塘·教堂·电视：一个少数民族社区的社会传播网络研究
［M］. 北京：光明日报出版社，2008.

［8］安德森. 想象的共同体：民族主义的起源与散布［M］. 吴叡人，译.
上海：上海人民出版社，2005.

［9］鲁西诺. 民族志与观察研究方法［M］. 张可婷，译. 台北：韦伯文化
国际出版有限公司，2010.

［10］赛佛林，坦卡德. 传播理论：起源、方法与应用［M］. 罗世宏，
译. 台北：五南图书出版股份有限公司，2000.

［11］林耀华. 民族学通论［M］. 北京：中央民族大学出版社，1997.

［12］宋蜀华，白振声. 民族学理论与方法［M］. 北京：中央民族大学出版社，
1998.

［13］陈宇京. 狂欢的灵歌：土家族歌师文化［M］. 北京：人民出版社，
　　　2013.

［14］臧艺兵. 民歌与安魂：武当山民间歌师与社会、历史的互动［M］.
　　　北京：商务印书馆，2009.

［15］梅罗维茨. 消失的地域：电子媒介对社会行为的影响［M］. 北京：
　　　清华大学出版社，2002.

［16］巴特勒. 媒介社会学［M］. 赵伯英，孟春，译. 北京：社会科学文
　　　献出版社，1989.

［17］刘伦文，谭志满. 民族社会发展与文化变迁：土家族乡村社区调查研
　　　究［M］. 北京：民族出版社，2005.

期刊文摘类

［1］陈心林. 民族性的表述：一个土家族社区的民族志研究［J］. 贵州民
　　　族研究，2014，35（11）：83-86.

［2］黄柏权. 土家族田野调查回顾［J］. 民族研究，2002（6）：41-50.

［3］王志勇. 恩施土家族文化旅游的审美表征与文化传播［J］. 贵州民族
　　　研究，2016，37（12）：132-136.

［4］唐胡浩. 当代土家族民族认同的维系因素剖析：以来凤县土家族为例
　　　［J］. 中南民族大学学报（人文社会科学版），2008（3）：46-50.

［5］陈国安. 土家族民族精神试探［J］. 贵州民族研究，2000（2）：
　　　91-97.

［6］陈廷亮，张伟权，叶颢. 语言：一个民族的呼吸和灵魂：土家族语言
　　　在确认土家族单一民族中的地位和作用［J］. 民族论坛，2013（11）：
　　　60-62.

硕博士论文类

［1］袁东升. 当代土家族地区木匠及其文化变迁研究：以鄂西南来凤县百福司镇、漫水乡木匠为例［D］. 武汉：中南民族大学，2008.

［2］谭黎. 农民工的打工体验与土家族婚嫁习俗的变迁［D］. 武汉：华中师范大学，2014.

［3］江波. 湘西地区新闻信息传播现状调查报告［D］. 北京：中央民族大学，2006.

［4］刘艺. 新媒体对恩施自治州土家族民俗文化的影响研究［D］. 成都：西南交通大学，2015.

［5］龚莉辉. 电视与土家族乡村生活方式变迁：以舍米湖村为个案［D］. 武汉：中南民族大学，2008.

后记 ▷▷

　　一路走来虽路途艰辛却始终如一，每每说到感谢都是心之所系、皆为大家所恩，感念父母之辛劳，家人之鼎力支持，朋友之厚爱与扶持都是笔者前行之所能也。尤为重要的是笔者的导师在笔者迷茫之时为笔者指明方向，是笔者心中的灯塔，照亮笔者前进的方向。

　　感谢所有受访者，他们将自己所知尽告我知，让笔者的田野报告展现出当地的民风民俗民情。他们都深爱着自己的文化，为自己的文化感到骄傲和自豪。民族文化之独特魅力在人，恩施人的淳朴热情是那一方水土所滋养的人们的特质。故乡之于笔者，是文化的浸养和情感的寄托，恩施的山山水水都在笔者的脑海里留下了最深刻的印记。

　　感谢一路上陪笔者驱车前行的人，路途所遇之友皆为人生之幸也。在恩施，与笔者跋山涉水去参访的黄波先生、与笔者同行女儿会和宣恩灯会的泉叔等人，他们都是笔者前行路上给予笔者无限帮助的人，感恩人生与他们相遇，有他们相伴亦是人生之幸也。

　　最后感谢所有为本书出版辛勤付出的工作人员，感谢你们的辛劳工作让笔者有所成就。

辛丑小满于清欢堂居